自然法典

Code De La Nature

［法］摩莱里 著
郭天鹏 译

中国科学技术出版社
华语教学出版社
·北京·

图书在版编目（CIP）数据

自然法典 /（法）摩莱里著；郭天鹏译 . -- 北京：中国科学技术出版社：华语教学出版社，2023.11
ISBN 978-7-5236-0261-4

Ⅰ.①自… Ⅱ.①摩… ②郭… Ⅲ.①空想社会主义 Ⅳ.① D091.6

中国国家版本馆 CIP 数据核字（2023）第 093058 号

总　策　划	秦德继
责任编辑	剧艳婕　王寅生
特约编审	刘丽刚
封面设计	锋尚设计
正文设计	中文天地
责任校对	邓雪梅
责任印制	马宇晨

出　　版	中国科学技术出版社　华语教学出版社
发　　行	中国科学技术出版社有限公司发行部　华语教学出版社
地　　址	北京市海淀区中关村南大街16号
邮　　编	100081
发行电话	010-62173865
传　　真	010-62173081
网　　址	http://www.cspbooks.com.cn

开　　本	880mm×1230mm　1/32
字　　数	83千字
印　　张	3.75
版　　次	2023年11月第1版
印　　次	2023年11月第1次印刷
印　　刷	河北鑫兆源印刷有限公司
书　　号	ISBN 978-7-5236-0261-4 / D·129
定　　价	48.00元

（凡购买本社图书，如有缺页、倒页、脱页者，本社发行部负责调换）

译者序

2021年,我第一次读《自然法典》,看了几个版本。机缘巧合,有机会翻译摩莱里的《自然法典》,我觉得很自豪、很忐忑,也很有收获。

很自豪是因为这本书的历史意义。摩莱里是18世纪法国著名的空想社会主义者,《自然法典》是最早的空想社会主义代表作。《宣言:中国没有辜负社会主义》中说,"从莫尔笔下的'乌托邦',到康帕内拉书中的'太阳城',从摩莱里苦心写就的《自然法典》,到欧文身体力行的'新和谐公社',从只存在了72天的巴黎公社,到世界上第一个社会主义国家苏联,人类对社会主义社会和制度形态的探索从未停止"。《自然法典》的历史地位可见一斑。而且,与《乌托邦》《太阳城》不同,《自然法典》突破了纯文学的思想表达,系统化地分析了道德和法制,提出了12部基于公有制的法律草案,无论在空想社会主义发展还是在法律思想上都有划时代的意义。

很忐忑是因为怕翻译不好,一则时代久远,二则第一次试着将法文翻译成中文。最重要的是文体,1753年,摩莱里以译者之名出版长篇叙事诗《巴齐里阿达》,勾画了以共产主义和自由恋爱为基础的幸福社会,《新杂谈》和《公正文库》群起攻之。摩莱里为了回击对手，写下了《自然法典》。因此，这本小书既是系统化的，也是论战性的：有理论的阐述，也有犀利的笔锋；有书面语的旁征博引，也有口语的感叹讽喻……同时，任何思想都有发展的历程，也需要有适应读者的土壤，摩莱里亦然。论战中很多观点其实与战国时期百家争鸣的诸子哲学颇有相通之处，这次翻译也尽量试着接通彼此。纵然反复校改多次，亦不免可能多有谬误，烦请读者"奇文共欣赏，疑义相与析"。

很有收获是因为发展的思想。按照摩莱里的自然之法，理想的社会应当废除私有制，实行公有制，统一组织、人人平等、共同劳动、按需分配，是不是听起来耳熟能详？但这些宝贵的思想缘何而来？源自自然之法的宝贵真理如何淹没在了传统政治和道德中？这些问题不是天然解决的，而是莫尔、康帕内拉、摩莱里们一代代逐步解答的。也只有仔细读读这些早期的原著，才会明白空想究竟为何为空想，才能更好地品读马克思、恩格斯对社会主义社会发展过程、发展方向、一般特征的科学预测和设想，最终才能更深刻地理解我们在社会主义道路上的制度探索和实践。

这次边读法文原著，边译成中文简本，颇为幸福。书很小，很有法国人著述的特点，也大可不必为了扩充篇幅去增加《巴齐里阿达》为附录，这样读来更简明、更纯粹、更聚焦，希望对想读早期空想社会主义原著的朋友略有帮助。

目录
▶▶ CONTENTS

第一篇　传统道德和传统政治的基础缺陷　　/ 001
第二篇　传统政治的特有缺陷　　　　　　　/ 021
第三篇　传统道德的特有缺陷　　　　　　　/ 060
第四篇　自然法典草案　　　　　　　　　　/ 094

第一篇
传统道德和传统政治的基础缺陷

本书主旨

我们曾经拥有过简单而又明了的真理,但它们却几乎一直被遗忘在历史的尘埃里,再或者就是被笼罩在偏见的阴霾里。我们需要揭去多如牛毛的谬误,让那些散落在先贤著作中的真理重见天日,还要将这些真理搜集在一起,让它们重新释放出强大的力量。

其中的佼佼者当推《巴齐里阿达》[①],这是一首新意满满、结构出众的长诗,用史诗的优美映衬真理的光辉,愈发彰显真理的美。是的,我们需要用尽所有的努力揭去厚厚的障目之布,让真理的光辉照亮全人类真正的幸福。

读者大可将本文视作这首长诗的颂文,文中将简略地说明其

---

① 《巴齐里阿达》是一部长篇叙事诗,共三卷,1753 年在巴黎作为译自印度语的译本出版。摩莱里隐瞒自己是该诗的作者,甘愿冒充为译者。诗中描述了一个以共产主义为基础的幸福社会。——译者注

主题和结构,更将不厌其烦、不加修饰地阐述其道德体系,力求把真理的光辉公之于众。

《巴齐里阿达》的结构和主题

显而易见,作者也认为诗的结构是服务于主题的,不应拘泥于亚里士多德《诗学》①的形式,生动、合理的想象力才是英雄史诗的灵魂。事实上,诗的艺术规则形成也远远晚于英雄的史诗,前者的权威正是来自那些诗中闪耀的灵魂的火花。这一点与逻辑学别无二致,逻辑学当然有助于正确的推理,但这并不妨碍逻辑学出现之前进行正确的推理;同样,诗词格律当然有助于写出优美的诗歌,但并不妨碍在诗词格律出现之前优美的诗歌早已传唱千古。

诗人和我都觉得甚至可以更进一步。古今名家的想象力当然值得称道,诗却并不依赖于那些曾经被歌颂的激情的行动、悲惨的境遇、流血的冲突、浪漫的奇遇,史诗理当有更加纯粹的新境界——纯真理的境界。

要知道,这一切都不可避免地与民族宗教、政治和道德的偏见相联系,因为这些诗作曾经就是为了教诲或者取悦特定的民族,而后者往往乐于接纳偏见——那些带有感情色彩的东西天然

---

① 亚里士多德创作的美学著作,探讨了如人的天性与艺术模仿的关系、构成悲剧艺术的成分、悲剧和史诗的异同等内容,集中反映了当时比较成熟的诗学思想的精华。——译者注

比真实更能投其所好。

幸运的天才们希望用这种投其所好的娱乐打开传播真理、教化众生的大门，这种朴素的意愿令人颇为感动，却也注定无济于事。实际上他们仅仅成功了一半——只做到了取悦于人。在众生眼中，承载文字的寓言、讽喻恰如精美的刺绣，真理则卑微地像是不值钱的布料，天才们就像游走的手艺人，人们赞赏工艺之美，却依旧对不值钱的布料弃之如敝屣。

因为诗人也像先贤一样，怀揣为了全人类的抱负，并且努力超过那些曾经的天才，所以诗人另辟蹊径，走入了没有先例可循的无人区——M*先生①没有像别的诗人一样，把主题局限在某一民族、某一民俗、某一宗教、某一故事或某一历史情节。M*先生只执着于全人类的幸福，别无他求，因此他设定了一个近乎完美的主人公，他完全按照朴素的自然之法管理人们，不接受阿谀奉承，不在乎一时的虚名。

诗人摈弃了人们惯用的神话故事②，不屑于根植于迷信的怪诞或狂热的崇拜，在诗人的心中，诗本身就有令人赞叹的通用架构——主人公的灵魂与力量是唯一的美的象征，这种美应该是显性的，不该寄托于人格化的神——不需要神阻止恶，也不需要神拯救不幸的善。

一读《巴齐里阿达》就能感受到它的不同，它当然也会精雕

---

① 《巴齐里阿达》的作者，其实就是摩莱里本人。——译者注
② 西方诗歌中经常有关于神话故事的描写，例如荷马史诗中的《伊利亚特》和《奥德赛》就取材于特洛伊战争的神话故事与传说。——译者注

细琢般刻画美丽的风景，也会多维度、多视角描绘同一件事物，以此规避车轱辘话似的陈词滥调……全新的场景、奇妙的构思、无与伦比的表达，读者可自行享受，这里我还是更愿意和大家聊聊它的主题、它的目的。

那就是：真正的主人公应当恪守自然之法，一切有悖于自然的声音都是应当被摒弃的偏见。《巴齐里阿达》正是源于这个高尚的主题，"浮岛的沉没"[①]是所有偏见被摒除，是理性不再被蒙蔽、全人类终得幸福的必由之路。

任重而道远——传统道德盘根错节、积重难返

令人惊讶，甚至可以说骇人听闻的是，我们的道德与所有民族的道德一样，竟然一直以所谓公认准则之名传播着数不清的谬论。

要知道，如果说道德是一门科学，其基本原理及推论应当像数学一样简洁明了，何至于有如此之多的模糊而复杂的概念和错误的假设。

这些概念和假设让人头昏脑涨，因为我们的脑袋习惯于相信无力证伪的事物。不巧的是，太多我们曾经笃信无疑，甚至引用做推理依据的命题都是偏见，那么引经据典与古董家根据伪造的纪念章考证的学术著作又有什么分别呢？

---

① 代指《巴齐里阿达》中空想的世界。——译者注

第一篇　传统道德和传统政治的基础缺陷

如果知识渊博的人被一名普通的铸工欺骗，我们当然会感到震惊，那如果一个哲人发现人们一直生活于谬误中又当作何感想呢？人们盲目而长久地麻木于谬误之中，恰恰是因为真理无比精致、无比准确、无比敏锐，当扰动来临时，开始是"差之毫厘"，迅即以成倍的速度增大，最终"谬以千里"。

更讨厌的是，人们越是犯错，越不会觉得自己有错，就像走在迷宫中一样，刚认识到迷误时只是感慨于整个迷宫庞大的迂回曲折，倒是害怕和彷徨中让人更加不能甚至不敢去寻找出口。

近代甚至当代，培根[1]、霍布斯[2]、洛克[3]、蒲柏[4]和孟德斯鸠[5]等人都不约而同地表示，道德是哲学中最不完善的部分，因为道德概念极为繁杂且变幻无常，同时又缺乏可循的研究方法和路

---

[1]　英国文艺复兴时期散文家、哲学家，唯物主义哲学家，实验科学和近代归纳法的创始人，主要著作有《新工具》《论科学的价值和发展》以及《新大西岛》等。——译者注

[2]　英国政治家、哲学家，创立了机械唯物主义的完整体系，指出宇宙是所有机械地运动着的广延物体的总和，提出"自然状态"和国家起源说，指出国家是人们为了遵守"自然法"而订立契约所形成的，是一部人造的机器人，反对君权神授，主张君主专制。——译者注

[3]　英国哲学家、政治思想家，以自然法和社会契约论为基础，从理论上论证了资产阶级"天赋人权"的基本原则，主要著作有《论宗教宽容》《人类理解论》和《政府论》等。——译者注

[4]　英国诗人、启蒙主义者，推动英国新古典主义文学发展，为牛顿写了著名的墓志铭：自然和自然的法则隐藏在黑夜之中。上帝说：生个牛顿吧！于是一切都被照亮。——译者注

[5]　法国启蒙思想家、法学家，是近代欧洲国家比较早的系统研究古代东方社会与法律文化的学者之一，代表作《论法的精神》《波斯人信札》和《罗马盛衰原因论》，其中《论法的精神》奠定了近代西方政治与法律理论发展的基础，也在很大程度上影响了欧洲人对东方政治与法律文化的看法。——译者注

径，甚至可以说，道德无法证明任何结论，因为推理过程中每一步的反面也能自圆其说。

客观的困难使得关于道德的研究逡巡不前，有的人望而却步，有的人逐渐陷入了怀疑，也有人试图将其解构为若干部分分别研究。但或者盲人摸象不敢做出结论，亦或者钻入了一个无法走出的死结，再或者最多就是演绎，把读者引进门，让读者自己走下去。

追根溯源：如何洞悉和规避道德家的错误

顺着错误的链条溯游而上，我们找到了让道德家和立法者远离真理的最初偏差点，两种声音交相回荡，成为一切体系的原则与基础：一个声音说"人性本恶"；一个声音说"人之初，性本善"，让人走向恶的是后天的环境。

所有人的思考都基于这些基本假设，从来没想过其他可能，比如是否可能有这样一种环境，人在其中几乎没有腐化或堕落的可能，再不济也只是犯最轻的罪。

不幸的是，先哲们忽略了这个问题，也没有按图索骥寻找解决办法，在他们与谬误之初擦肩而过时，也就错失了一窥那唯一罪恶之源的机会。后来者亦步亦趋，最终与揭示恶的本源、性质及关联的真理渐行渐远，最终在平素的道德体系中作茧自缚。可悲的是，如果没有忽略这个问题，他们本可以轻松地解构推理体系，从教育的角度将道德分成若干部分，而后将其假设、定律、结论等一一推翻,最终证明推理过程与真理本身之间的自相矛盾。一言以蔽之,正确的认知本可以详细证明这个怪胎体系的所有缺陷。

分析过程与数学方程式求解没有区别,排除增根、消除疑问,最终求出未知数——那就是最真实的道德本色。

顺着这个最简单的逻辑我们会发现,是智者们错误地认为人注定堕落,并力求挽救这种堕落——一个堕落从不曾存在的地方,还把毒药当作医治"病因"的良方。

饶舌的人们彼此拾人牙慧,却从未想过最早的说教正是人类堕落的根源。他们自以为说教的内容纯洁而庄严,律法和规则无懈可击且值得尊重,并以此笃定人们宁愿归咎于自然也不会怪罪于他们。当然也可以理解,一则尽管人们呱呱坠地时不带有任何形而上学或者约束自我道德的能力,有的只是接受他人观念的能力;二则他们认为人性本恶,所谓天赋美德只不过是凤毛麟角,人甚至在出生以前就已经被种下堕落的种子,"人不为己天诛地灭"是常态。

这些似是而非的谬论决然罔顾人们生而对任何活动都十分淡漠的事实,因此我觉得自己有权指出:所谓社会学的医生们并没有寻求根除或抑制恶的办法,也没有努力让微弱的美德之光发扬光大。他们甚至没有鼓励这些有益的倾向,反而把罪恶的种子撒进更多人的心里,让罪恶之花遍地蔓延,扼杀掉他们原本就认为人心中为数不多的美德。

Code De La
Nature ▶▶ 自然法典

利己心的变质

举个例子,在不断地谆谆告诫中,自私自利之心永生了,变成了七头蛇[①]。那么假设我们依然遵循这自然之法,如何解释这种自爱呢?当然是用简单而无害的方法让自己生存得更久,这些方法应该是上天赋予我们的,只有极少数情况会让我们本能地去使用。

之后,各式各样所谓的社会法则给这些方法捆绑了几乎无法克服的困难甚至是危险,使得正常想接近自然本性的人反倒要历经无尽的磨难与斗争,平和的本性变得狂暴,最可怕的极端行为也开始屡见不鲜。

再之后是数百年的"劳碌"——只为平息曾经的冲动或补救曾经的损失,事倍功半也就不足为奇了。也正因此,自爱不是变成了人人喊打的罪恶,就是变成了人们准备声讨的伪善面具,那当我们看到这种情况时,还会不会感到惊讶呢?

传统的教育体系正是被这种可悲的道德体系笼罩在阴霾之下,过去如此,现在依然如此——道德说教从幼年时代开始就把种种有害的因素带到人们心中,而饶舌者却把这种恶无妄地归咎于自然。

因此,当一位父亲用这类戒律教育孩子的第一刻起,种下的自然是不服、反抗甚至是暴力的祸根——所以,难道说反抗

---

① 七头蛇名叫那伽,头上有七个眼镜蛇头,象征不朽和永生。——译者注

第一篇　传统道德和传统政治的基础缺陷

是自然的恶习吗？当然不是，反抗正是本能地对自然权利的合法捍卫。

在家里，如果这位纯朴而粗野的父亲只是在治家上误入歧途，毕竟也是为了维持家庭和睦，至多是得到一个自己并不想要的有缺陷的家庭秩序，所谓祸害还算可控。

但对于人类社会来讲，改革家们就应当从这种治理缺陷中警醒了——要清楚地意识到这种祸害的根因，注意这种祸害的影响，并预见这种祸害的危险后果。然而，大家对这些错误却习以为常，甚至推波助澜，并将其奉为管理的圭臬，说起来我们的可怜真是咎由自取。

这正是《巴齐里阿达》所要抨击的根深蒂固的错误，那么其中想阐述的真理又是什么呢？

人生于自然，人类之法亦当生于自然

人既没有天赋的观念，也没有天赋的倾向[1]。从人类生命出世的第一刻起，人可以说完全处于一种漠然的状态，甚至于对自身的存在都无从感知，直至产生第一个所谓的直觉，虽然彼时这种直觉其实与动物的感觉毫无差别可言，漠然的状态也终于有了随之终止的第一个动力。

最初使人摆脱这种漠然状态的事物不是我关心的重点，这种

---

[1] 洛克在其《人类理解论》的第一卷中批判天赋观念论，指出人心中既没有天赋的思辨原则也没有天赋的实践原则。——译者注

机制我亦不想赘述，我要强调的是——人是被自身的需求逐步唤醒的，是这种需求让人开始关心自我保全，并逐步有了初步的观念或者说是意识。

而自然则聪明地控制着这个过程，让需求和力量同时增长，而且在确保满足基本需求的同时又让我们祈盼一点点稍微超过我们能力限度的贪心，这又是为什么呢？

如果可以轻而易举地满足自己的需求，那么在每一次需求得到满足之后都会恢复到最初的无所谓状态，除非有新的需求刺激其走出无所谓的舒适区。自然而然的，如果需求可以轻易得到满足，那动物的本能就够了，超越动物本能的知识也就可有可无，在这种情况下，我们的社会性与动物毫无区别。

不过，最高智慧显然不止于此，自然期待人类成为智慧的整体——这一整体应该拥有简单的基础却有着奇妙的结构，大自然为这种精妙的组合赋予了所有的鬼斧神工。有时，我们觉得组合好像有一点轻微的障碍，倒不如说是为了更强烈地激发我们结合在一起。当彼此分开的时候，我们会觉得无力、弱小、敏感，纵使什么东西能暂时满足孤独的我们，那种不曾消散的希冀与不安也会进一步增加人们之间自发的道德引力。

那这种引力又会导致什么呢？至少应该会有两种惊人的结果，一是对一切有助于我们克服软弱的事物产生善意，二是自然为了帮助软弱而生的理性得到发展。

这两点又进一步引出社会性的精神和主旨，以及共通的技巧和预见性等，总而言之就是一切与大众幸福直接或间接相关的观念和知识，就像塞涅卡①所说的："自然界已把一切会使我们更美好和更幸福的事物都摆在我们的眼前，安排在我们的身边了。"

自然正是抱着这一目的将全人类的力量按不同比例分配，让每个人拥有土地，土地上能生产各种各样自然的赠品，每个人都享受着这种慷慨的馈赠。当然，世界是一张大饭桌，足够所有进餐者一起使用，只不过有时桌上的菜肴适用于所有人，因为大家都饿着；有时则只属于某几个人，因为其他人已经吃饱了。不过可以肯定的是，任何人都不是世界的绝对主宰者，也绝对没有权力这样做。

事物都是变化的、运动的，其稳固的基础正是自然界掌管变化与运动的基础，不仅如此，自然还会特意调整这些事物的运动使之配合得更加默契。

社会性的真正基础详解

接下来我们详细考察一下这部奇妙的机器，看看其主要构造的原理、次序和相互配合机制。

（1）土地为所有人所有，代代相传，土地上的产出为所有人共同使用。

（2）产品丰富多样，足够满足所有人需要，不过必须付出劳

---

① 古罗马政治家、斯多葛派哲学家、悲剧作家、雄辩家。现存哲学著作有12篇关于道德的谈话和论文，124篇随笔散文收录于《道德书简》和《自然问题》中，另有9部悲剧等文学作品。——译者注

动才能获得,这是自我保全的必需,也是生存的支柱。

同时,自然还致力于让人们同心同德、和睦共处,并因此而预防野心并在某些特殊情况下努力避免冲突:

(1)自然赋予人们感觉、需要,让人知道人生而平等,让人了解劳动的必要性。

(2)这些需要时常变化、多种多样,因此每个人或许因时而异,自然提醒我们有时要让渡一些权利给其他人,而且让我们觉得丝毫没有什么勉强。

(3)自然有时给予充足的、足以满足每个人需要的物品,避免人们在愿望、趣味、爱好上产生对立或竞争;自然也会把我们的愿望和爱好多样化,这样人们就会各取所好,而不是同时向往某种独一无二的东西。

(4)自然还会按照年龄或器官构造的不同赋予不同的力量、技能和才干,进而适应各种不同的工作。

(5)当孤立无援时,需要总是稍微超过力量的负荷,要满足需要,人们必须经受困顿和劳累;自然希望这种困顿和劳累的感觉能够让我们自发地寻求帮助,进而启发我们热爱帮助自己的一切。由此,我们慎独、我们合作,我们形成社会并享受社会带来的快乐和益处。

最后,为了鼓励人们相互援助、相互感激,自然会做出相当细致周详的规划:自然会让人们经受焦急或平静,经受疲倦或休憩,人的体力也会相应地衰减或增强,因此人们会更加深刻地感受相互援助、相互感激的需要和过程。

在社会这部奇妙的机器中，齿轮、平衡锤、发条，乃至作用力都经过了自然的严格校准，一切都仿佛命中注定。

如果偶尔看到不同力量的对抗，那也只不过是既定的波动而已，或者是没有暴力的均势，一切都自然而然地被引向唯一的共同目标。

总而言之，虽然这部机器每个部分都有其独立的理性，但在某些特定情况下，却不会依赖于局部的理性而运转。事实上，局部的理性连议论的资格都没有，它的议论至多不过是旁观者的闲谈而已。一切的主宰都是自然，就像西塞罗[①]所说的，"自然界不假思索就把最伟大的真理知识传给我们，并为我们播下了善的种子"。

道德准则和政治制度应遵循的基本原则

道德和政治应当基于人们能够接受的原则而建立。道德和政治是人协助自然的基本工具和方法，也正应当基于这种最好的安排。道德和政治应当根据人类力量的分配来调配每个成员的义务和权利，并分配相应的职位。这一点当然需要好好度量，最好做到"人各有份"。管理人们心灵和行动的科学应当根据比例关系妥善安排维持和促进社会团结的机制。不仅如此，一旦

[①] 马尔库斯·图利乌斯·西塞罗（Marcus Tullius Cicero，公元前106年1月3日—公元前43年12月7日），古罗马著名政治家、哲学家、演说家和法学家。——译者注

社会和睦遭受伤害或破坏，这种机制还要拥有恢复社会和睦的功能。

自然根据每个人的工作热情、能力和服务功效形成和谐的安排，一般对应地位、尊严和荣誉。于是乎，为了鼓励有利于公共福利的高尚劳动，这些劳动往往是光荣的标志，而且几乎没有任何风险。不过很可惜，这种标志逐渐变成了装饰妒忌心的空虚幻影。这种十分可耻的恶习只会伤害那些有益的东西，因为妒忌往往伴随着虚荣心，让人们把功绩名利攫为己有。

那么，如果像自然本来的样子，规定人们的名望和受尊敬的程度只与本身的良善相关，人们不就竞相为他人谋幸福了吗？倘若真是那样，游手好闲、碌碌无为就会成为过街老鼠，成为所有人眼中唯一的恶习、罪行和耻辱，那时人们就不会奢望奴役和压迫别人，想的都是如何比他人拥有更好的技能、更多的劳动和勤勉，司空见惯的尊敬、赞扬、荣誉、光荣也会回归本来的、纯粹的感激和喜悦，不再是少数派也不再是伴随卑贱或恐惧仿若恩赐般，也当然不会是祈求者发财、高升之类虚幻的祈祷和骄傲的支柱。

据我所知，宇宙中唯一的恶习就是贪欲，所有其他恶习——不论叫什么名称——都只不过是贪欲的不同表现和变种而已。贪欲是一切恶习的海神和财神，是它们的基础和媒介，虚荣、自负、骄傲、野心、狡猾、伪善、邪恶等都源于此。那些大多数以所谓道德之名的种种，分解开来也都会随处见到贪欲这个不可捉摸的、有害的因素。更有甚者，在无私中有时也会发现贪欲的踪影。

但是，如果把个人利益比作瘟疫的话，这种慢性热症一样的社会痨病难道不需要滋生的温床吗？没有养料，甚至没有任何一点危险诱因的地方它也能流行吗？答案不言而喻，没有私有财产的地方，就不会有任何因私产而引起的恶果。

自然的正直如何永葆其质

自然是正直的，是宇宙总秩序中一种无上英明的安排。

基于这种安排，任何人都不能随意妨害他人的活动或生存，这种正直是人的特质之一，人对一切违反自然的行动都会弃之如敝屣，可以说正直是由感情支配的，也最受精神和心灵所赞许和钟爱。

人一旦摆脱了贫困的恐惧，他就不会遇到削弱或破坏有理性生物的这种和平状态的持续障碍，他只有一个希望的目标，只有一个行为的动机，那就是公共福利，因为个人福利是公共福利的必然结果。因此，我再重申一遍：正直是持久不变的；正直具有我们在日常交往中所称道的一切表现，我说的是殷勤、和蔼；一言以蔽之，就是举止和习俗的文明。

谁会不懂得这种道德能够得到最清晰、简明、人人都能接受的证明呢？从这种道德中吸取自己训诫的教育，至少应该像普通教育给偏见以力量和威望一样，有它支撑明显而令人普遍感兴趣的真理，必将取得支配一切心灵的权力和影响，这一点有什么好怀疑呢？教育预防一切恶习，人们甚至都不知道他们能够变成坏人。

那么，在更详细地考察理性之人的自然正直为什么竟如此奇怪地被歪曲之前，我们先从道德家们的反对意见中找找新的证据，先证明按我们原则安排的那种教育训诫的成效。

反对意见：道德家们说，即使同意你的意见，即使政治和道德实在不足以医治我们的痼疾，那么又该如何反驳如下主张呢？政治和道德的软弱无力与其说源自自身的根基，倒不如说来自那些生来就有作恶倾向的人的不良意志，这种作恶倾向必须用暴力加以抑制？比方说，请看一下两个孩子的情况吧：当他们刚开始识别东西的时候，你就会发现他们有一种争执、争夺、反叛、急躁和执拗的精神。一个孩子虽已得到他吵着向你要的东西，但他还想得到你刚刚给了另一个孩子的东西。我们经常看到这些弱小的"自动机"在愤怒地、狂乱地相互争夺一个微不足道的玩意儿，这不正是人们未来的凶残和纷争的不良预兆吗？

我的回答是：第一，这种年龄的儿童所具有的本能并不比某些驯养的动物更细腻。同这些动物一样，他们也只有刹那的发怒，只存在短暂的争执的原因，这些都是由于突然强烈感到某种需要或某种忧虑而引起的，这种感觉偶尔使他们为获得同一个东西而争夺。但是同类幼小动物之间所产生的这类短暂的争执和争吵，一般来说产生的影响非常小。因此，如果人的能力也像这些动物一样十分有限，他也就会像动物一样，既没有仇恨和忌妒，也没有惯常的欲念，更没有经常促使他去行凶的那种明确而固执的意愿，他也就不比幼小动物更需要道德和法律，而从道德上来说，他对待同类也就不会比动物更凶恶、更坏。

什么样的教育可以防止一切恶习

这里，我还要补充第二点。既然在人身上理性在代替一种盲目的感情，人就可以成为一切动物中最温顺、最随和的动物；实际上，如果这种无知的感情只是机械地使人养成温和的习惯，如果理性让这些温和的习惯不断完善的话，人本来的确应该变成这样。理性的使命根本不在于压制欲念或预防混乱；如果把人塑造好了，就是说，如果通过符合我们的原则的那种教育机构来教育人，这种混乱现象压根就不会存在。

那时，人除了需要为认识或享受合理建立起来的社会的好处而运用自己的智力以外，就不再需要任何其他东西。一个从少年时代开始就习惯于服从这个社会的法律的人，永远不会想去违反这些法律。他不必担心得不到援助，也不必担心缺乏必需或有用的物品，没有任何担心会在他心中激起奢望。如果一切私有制观念都被长辈们慎重地排除，如果一切使用公共财产的竞争都被防止或被消除，难道人还能想到以暴力或诡计劫掠那些从未有人同他争夺的东西吗？

当然，我得同意，尽管我们的教育制度作了慎重的预防，人与人之间仍然会存在某些争执。然而，这些轻微的不良行为同引起这些行为的原因和具体情况一样，都是暂时的。既然任何争执的整体性和经常性原因完全不存在，既然人类的心灵不再遭受长期而剧烈的震动，也不再因难以忍受的窘境而忐忑不安，人类的心灵就不可能染上使其堕落的恶习。此外，它受教育所养成的爱好和平的主见会不断地帮助没有被大量错误思想掩盖起来的理性，以此克服那种微弱的激动不安的心情。

什么样的教育使得道德错误不断存续

其实，我刚刚向对手所做的让步，恰恰也是对付他们的新武器。既然在人类目前的状况下不可能找到完全有效的手段来预防社会中的任何混乱，那么，在由下述那种代代相传的教育培养出来的戒律、榜样和偏见中，还有什么有害影响不会产生呢？这种教育依据那充满被奉为永恒真理的严重错误的道德，从人的幼年时代起就给人制造恐惧，专把人刚刚出现的理性引向令人悲痛的思虑。在这种情况下，看到这种理性变成恶毒言行的最危险的工具之一，这又有什么奇怪呢？理性地步入歧途正是由此开始的。

实际上，这种教育除了使智慧和心灵经受违背自然而且经常自相矛盾的人为道德的桎梏外，还能给智慧与心灵以什么帮助呢？因为事情不幸地按照这种道德的劝告做了安排，或者毋宁说被弄得一片混乱，以致在无数的情况下，道德指定了一些抑制欲念的手段，而这些手段却又恰恰成了滋生欲念的沃土。

社会性联系的破坏及其可悲后果

现在，我们试图通过实验来证实我们方才以推论确立的那些真理。大多数民族采用法律已有六七千年了，而几千年来这些重

第一篇 传统道德和传统政治的基础缺陷

要而宝贵的真理却遭到那些参与给人类立法的人的反对。

应当指出，由于愚蠢而仰慕这些所谓的圣贤，我们剥夺了半数人的自然福利，取消了自然的英明安排，也为一切罪恶打开了大门。

这些领路人像被领着的人一样盲目，他们妄图扼杀一切友爱互助的动机，而后者是联结一切人类力量的关键。领路人把共同远见和相互援助变得四分五裂，使得成员之间只剩共有的怯懦和担忧。他们千百次煽动这些分裂的、混乱的成员，使之燃起了狂热的贪婪之火，激发了饥饿和贪得无厌的欲望。他们糊涂的立法使人觉得缺乏一切，为了排除这些焦虑，欲念冲动到狂热的地步，这又有什么可奇怪的呢？除了使这种动物相互吞噬外，他们还能有更高明之举吗？不难想象，这些经验论者为了预防这一不可避免的灾难，该做出何等的努力啊！平静的溪流由于轻率建成的堤坝的拦截而暴涨，溪水溢出了堤外，变成了汹涌澎湃的大海，却不得不利用规章和告诫来堵塞堤上经常存在的漏洞。

拙劣的机器匠弄断了这些链带和发条，破坏它们就会使整个人类解体。他们用绕得奇形怪状的韧带和临时应付的平衡锤来阻止人类的毁灭，可想而知这些努力能有些什么结果，只能是卷帙浩繁的道德和政治论著，"其标签标的是良药，而其箱子里装的是毒剂"。① 因此，其中许多著作正可题名为：在最漂亮的借口下利用正直和道德的最美戒律，使人们变得凶狠和邪恶的艺术；另外

---

① 语出拉克坦斯。拉克坦斯是基督教辩护者，约于公元 250 年生于非洲；他先后在非洲和尼科米底亚（今土耳其伊兹米特）教过修辞学。他也是《神的制度》的作者。圣·杰罗姆称他为"基督教的西塞罗"。——译者注

一些著作则可贴上这样的标签：通过那些最能使人们变得凶恶和野蛮的规章和法律来统治人们的方法。

谬见掩盖了自然之法的光辉

正是由于第一批道德大师的这些错误，《巴齐里阿达》的道德，在《公正文库》和《新杂谈》的博学作者们看来，才显得绝对行不通。在行不通这点上，我同意这些博学的人以及所有会对这种道德提出异议的人的意见。是的，现在即使有这首诗的主人公那样出色的立法者，即使他在自己的领地上有彼得·阿列克谢耶维奇①般的力量和权威，竟也无人听从，可见现在的荒谬偏见实在太根深蒂固了。

此外，我们已经知道，传统道德建于自然之法的废墟之上，为了恢复自然之法，就必须彻底推翻传统道德。我想这些批评家一研究这首诗就会懂得，作者的目的（正如他在注解中所说的那样）是要人们知道：为什么传统道德和政治与他所思考的真理那样对立；并且还想指出，如果最初的立法者遵循了这些真理，那么这些真理是完全行得通的。我敢在这里断言，如果这种幸福已经来临，我们现在就会把一切其他治理制度看成是绝对不可能的事，甚至连对这个制度的概念都不会有。

---

① 指俄国皇帝彼得一世，即彼得大帝（1672—1725）。——译者注

第二篇
传统政治的特有缺陷

自然之法的实验证明

《公正文库》的作者不同意《巴齐里阿达》第三首的附注，借此机会，我详述一切道德和法律本原的新证据，也借此分析论证使原始自然之法的精华湮灭的谬误起源及其发展沿革。

这位学者对我们诗人的假说反驳道："人们相当清楚，《巴齐里阿达》漂亮的理论不过是天马行空的纸上谈兵而已，这种秩序甚至根本没有可行性。因为其理论的对象只是假想的人，这些假想的人顺从地接受各种安排，并以同等的热情支持立法者的观点。但是这太理想化了，心有所想是意念的事情，实现却还是要靠实在的人，即使这人不那么顺从、有点懒惰，甚至野心勃勃。绝对平等显然是最违背人性的，或者奴役别人，或者被人奴役——人生而如此，中间状态才是不可接受的。"

几乎所有道德家都众口一词地持有这种异议，说这是其中不容置辩的一条。人人都像那位不偏不倚的作者一样说："最好的道德理论与实践是有差距的,因为理论中的人过于理想化了,与实际相去甚远,所以这些人十分恭顺地服从立法者们确立的制度。"

不过我要说的是:这正是企图管教各民族的那些人所做过的事,他们或者以为人的本性就像他们制定的制度所述那般,或者以为人至少与我证明的完全不同。之后,他们按照这种假设建立体系,直到实践才发现人们并不愿意听从他们的安排。于是乎,为了迫使人们服从,他们开始诉诸暴力,而自然本性则不断反抗这些暴力的法律,因为这种法律扰乱了自然秩序,也扰乱了恢复自然秩序的努力。

批评家所说的"心有所想是意念的事情,实现却还是要靠实在的人",其实本就模棱两可,他们所指的是由自然培养出来的那种人,还是指那些本就屈服于法律中的人呢?

自然状态的土著民族能行自然之法

为了避免大量不必要和无休止的疑问,不妨先申明一个无可辩驳的原则——在道德秩序中,自然是一个永恒的整体;自然之法也是永恒不变的。一般来说,一切让生物趋于和平的活动是符合自然之法的,反之则不符合。因此,那些土著人或文明人的种种风俗其实并不能证明自然在变化,最多表明了与自然无关的随机性而已。一些民族脱离了自然规律,一些民族仅仅出于习惯在某些方面仍然服从自然规律,另一些民族一直遵循自然规律,如此而已。因此,在某些地方,如果自然之法没有被呵护或者遭到忽视，残暴就乘虚而入、取而代之；在某些地方，不良的环境扰乱了自然的作用；在某些地方，则是各种谬误掩盖了自然本身。所以说，变质的是民族本身，而不是自然，其民离开了真理，但真理从未消亡。因此，一切反驳意见都丝毫不能动摇我的基本观点。土著民族也好，其他民族也罢，只要认真按照自然许可的方式去做，拒绝自然不赞成的一切，自然会回到纯粹的自然之法。为了详细阐释这些真理，我援引几个特定的例子。

想看看自然状态的民族，那就让我们去美洲转转吧。那里能找到几个部族，部落成员还都十分虔诚地遵守着人类创世纪时宝贵的自然之法，而我想做的就是为这宝贵的法律进行辩护。

对了，带一位真正英明的立法者同去吧！他会按照这些已实行过的神圣法律照章办事，不会违背也不会削弱这些规定，他努力地让自然之法发扬光大，并从其丰富内涵中抽出一切行为的准则。这些准则会让待教化的土著民族变成世界上最温和、最人道、最聪明和最幸福的民族。

立法者到达目的地时，发现这里的人还在以打猎和捕鱼为生。他向族长和其他老人们提出自己的建议，为了方便，说的都是增量，他还特别注意不利用刚建立起的信任说服他们平分渔猎的收获，这样就能避免破坏彼此的和谐关系。这位英明的立法者告诉他们，除了渔猎，还有一些更可靠、更不费力的谋生手段，比如种植业和畜牧业。他同时指出，这些既是新的资源，也是新的财富，可以取长补短，并教授实行这些计划所必需的技术。

得益于他的关照,这个民族不再那么粗野,变得更为灵巧,那么是否会因此变坏、变得不那么勤劳呢?当然不会。各家之间仍旧会充满和睦团结的气氛,一如这位改革家所见。随着新的认知增长,团结一致的成就斐然,他们一样尊敬长者、尊敬智者、尊敬能工巧匠。这些印第安人对最明智的忠告毕恭毕敬,相比之下我们服从专制老爷的命令是那么言不由衷。

在美洲殖民地附近居住的土著人那里,他们仍然以有益于同胞的程度衡量自己的地位,并且无比看重这种荣誉。一句话,在这些地方,劳动是真正光荣的。这些真正的美德非但没有因为新的措施而削弱,相反,在立法者法治的努力下,原始的野蛮状态逐渐消失,真正的美德绽放出新的光彩。

事实上,只要立法者的制度不瓜分自然产品和人工产品,他的工作就没有任何阻力。人人都欢迎他的调度,一切场景仿佛都是为他的计划而设。他可以向社会成员分配工作,同时规定各种普通工作或特殊工作的时间,计算各种职业的不同收益,指出每种职业需要的产出……立法者根据这些情况和人员数目确定各种工作的比例,同时还委派最英明的长者维持秩序、管理经济,让最身强力壮的人监督执法。最后,他也规定了每个人的等级,不过依据的不是虚构的尊严,而是行善之人享有的自然威望,是他的亲属关系、工作经验、智慧技巧以及办事的积极性和影响力。

一切自有安排,没有私有制,没有奴役他人的欲望,又怎么会有所谓的统治呢?所以这种社会里不可能有暴君,执政者恰恰承担着最繁重的义务，是真正的公仆，他不独享任何生活用品或娱乐用品，人民的尊敬和爱戴就是他所有的利益和褒奖。

如果说存在着某种奢望，这种奢望也一定是赢得这种尊敬，所有的追求只能是真正有益于其他人的卓越功绩。其他人并不因此产生妒忌之心，相反，如果得不到自己所钦佩和尊敬的同胞帮助，有的也只是觉得不幸。

再重复一遍，这种奢望不会有、也不会是我们那种奢望所追求的目标，与之相比，我们的奢望完全就是贪婪，只是追求的手段千差万别而已。

而我们的立法者也在那里发现，人们勤劳刻苦，懒惰则是一种可耻的行为。所有人都生活在善意和温柔之中，那种真正的善意和温柔远胜于游手好闲者和暴力无情者夸夸其谈的诈骗式道德理念。我不禁要问，事实如此，难道说所有人真的生来就有阿里斯达克斯[①]的恶习吗？难道发扬这些朴素的善举要比驯养民族服从严酷的法律更难吗？要知道，那些严酷的法律早晚会让一部分人卑微不堪、贫贱致死地劳作，而其所有努力却终归变成为少数人的服务，后者占据最好的渔场、最好的猎圃、最好的耕地，游手好闲、高高在上。你猜这些平民会用什么眼光去看待这种"遍身罗绮者，不是养蚕人""四海无闲田，农夫犹饿死"的不平等？

[①] 阿里斯达克斯（约公元前217—公元前145），希腊语言学家，因注释希腊作家（尤其是荷马的）作品而闻名。——译者注

Code De La Nature ▶▶ 自然法典

传统政治准则完全是无稽之谈！

然而，我们的哲学家又是怎么说的呢？他们说，物质财产的平均分配从道德上是绝对不可能的，富人和穷人天然存在。财产上的不平等一旦被智慧的法律所调节和弥补，就会产生极其美妙的和谐，恐惧和希望占据着每个人的心灵，促使他们更加灵巧、更加勤快。富人要注意保管财产，因为实际上他们只是这些财产的保管者和守卫者，而财产随时可能从他们手中溜掉；恐惧和希望同样强烈刺激和鼓励穷人去劳动，因为只有劳动才能让他们摆脱苦难。种种良好效果皆因恐惧和希望而生，恐惧和希望还让一部分收益最少的人听命和服从于他人，这一点既是个人利益的诉求，也是社会利益的最好安排。不仅如此，社会赖以维持的这两个基础还让财富一起增加的人互利互助，从而变得温和而善良。由此可见，富人和穷人的不平等不仅让人们彼此依存，而且这种彼此依存还让整个社会趋于平等协作。

篇幅所限，我们就不谈这个传统道德基础的推理过程了，事实上一句话就可以推翻这个基础：这个理论一开始就是错的，因为它建立在所谓必须瓜分那些根本不该瓜分的东西这一谬论之上。自然界有自然分配的简单而灵巧的办法，又何须出此下策通过财富不均求得人们的依存与互助呢？

看看一位欧洲学者的"遭遇"吧！他给上述某个美洲民族演讲时说："我的朋友们，你们的互助精神值得赞扬，你们为满足共同需要而共同劳动的不倦热情令人钦佩。但是，相信我，你们拥有无人争夺的广阔原野，去开垦吧！未来那就是沃野千里，然后分配这些田地，但绝不要平均分配，甚至没有必要人人有份。这样，每个人都在自己的田里劳动，靠自己的耕作维系生活，那就没有人再想帮助自己的邻居了。不仅如此，因为继承、联姻和家族的繁衍都会引起重新分配，最初的平等迟早不复存在，所以土地分配必须遵守一定的比例。少数公民要比其他公民多得一些，这些人将是第一等级的国人，他们也是这些财产的保管人。"

"从他们中间推选出你们的领袖，你们也必须听从他们的忠告，你们的纠纷将由他们裁决。为了报答这种服务，请允许他们生活得舒适一些。以此类推，其余人也将被分成若干等级，财产依次递减。最后一个等级是只靠自己的劳动为生的人，如各行各业的手艺人，他们是社会的体力劳动者，其他公民按日付酬，而这些人只需要日复一日的劳作。"

梭伦①为了增加说服力，还引用了梅涅尼乌斯②的寓言，须得承认，这种小故事对头脑简单的人很有说服力。然后他还用了很长时间讲述这种秩序如何维持，现在如此，将来亦如此，他自我

---

① 梭伦（约公元前638—公元前559），古代雅典的政治活动家和诗人。在公元前594年进行了重大改革，废除了阿提卡农民的债务，并禁止终身奴隶制。——译者注
② 系指人体四肢向胃造反的寓言，它是道德家们向人们吹嘘的谬论中令人难忘的例子。据传说，梅涅尼乌斯·阿格里帕正是借助于这个寓言成功地说服了造贵族反的庶民返回罗马。——译者注

沉醉了，甚至对自己的美妙发明而自鸣得意。

正在这时，一位上了年岁的土著当头棒喝："岂有此理！你谈的可真是'好主意'！一边赞赏我们同心协力，一边却告诉我们以后不要同心协力。觉得我们生活粗放、艰苦，建议我们种地，还画了富裕生活的大饼——这个意见不错，但是你那分配土地的建议却玷污了这个忠告。一边说秩序井然的社会这好那好，一边却递过来一把让我们永远不会和睦相处的刀子。一边叫我们当中的一部分人维持和平，一边你却在设法破坏它。不是吗？这样一来，我们的长者和父辈只有工夫解决纷争，我们的兄弟朋友、子孙后代将不得不劳作终生，却要无可奈何地养着那帮无所事事、蛮横无理的懒汉。你还说有人曾经赶走了这类懒汉，后来却又不得不把他们请回来。简直就是漏洞百出、胡说八道，跟那个安抚不满者的无稽寓言又有什么分别？

"是的，身体四肢确有分工，每一部分都发挥自己特有的功能，但它们共同享受着维持生命的营养。那个民族领袖，就是你说的那个胃，可没有把四肢供给它的任何东西据为己有，它也没有让四肢饿得精疲力竭，恰恰相反，它只是贮存这些营养物的公共仓库而已，无时无刻不在向四肢分配着营养！你大可以把我的话转给那个寓言的作者。试想，假如我们听了你的话会怎么样？一个人今天比别人生活得富裕，后来者不久之后就会竭力取代他，而他本人甚至子孙后代也都随之沦落贫困、凋敝致死！

"我们参加战争，扯掉敌人的头发，烧死他们，吃掉他们。但这些敌人不同我们住在一起，是与我们争夺渔猎场所的家族。

而你却让我们父子成仇、兄弟反目、夫妻相残！老实说，即使是被赦免的俘虏，我们也绝不奴役他们，而是像养活妻儿一样养活他们，而你却想让我们民族的一部分人屈从于那种可耻的奴役，还想让我们勇敢勤劳的猎手任由别人摆布，你是疯了吗？"

其实我早预料到有人会不同意我对有害的传统政治制度和智慧的法律之间的比较，说那恰恰只是对自然之法在特定情况下的理解和运用，只是效仿自然界让人成为社会人而已。

没有法律的民族适用于自然之法吗？

还有人会说，也许在某些国家里的确能发现一些愿意服从这些法律的人，那也不过是不符合一般规则的例外而已，并不能说自然界同样把这种人安排到了世界各地。

第一，还不能完全肯定这些顺从的民族生来就具有我们看到的那些特质。《论法的精神》[1]里说，由于气候酷烈，美洲北部的居民普遍体质强悍，加上居所贫瘠，所以生而勤奋好动。

第二，由于生活窘迫，几个家庭很容易结合起来，进而形成很多小小的部族。

第三，即使你说得对，你的制度在这些居民当中是可行的，这也只是特例而已。比如在气候炎热的国家，那里的居民无忧无虑，非常懒惰；迁居那里的移民不再勇敢，力量也不断减弱；每

---

[1] 法国思想家查理·路易·孟德斯鸠创作的政治哲学著作，首次出版于1748年。——译者注

一个人好像只是为自己而生活，并不关心他人。所以可能在大多数最不凶猛的非洲土著人当中，这套说法没什么市场吧？

第四，经验表明，世界各地的人们都有喜爱清闲和安宁的禀性，他们总是靠伤害他人满足这种惰性。因此，虽然强弱程度有所不同，但大部分人应该都不想听你自以为是的建议吧？

第五，不管表面看来怎样合乎真理，但你的制度基本上是站不住脚的，否则为什么任何一个民族都没用过呢？

综上所述，为了让人们彼此融合、彼此互助，就必须要使用更强有力的手段。你的办法尽管在某些情况下足以应付，但并不是个普遍适用的好办法。

没有偏见，自然成功

事实上，我所提出的社会性措施十分可靠，如证明的那样，这些措施既不会妨碍成功，也没有任何传统政治暴力手段的弊端。

不仅如此，我们的制度有着周密的设计，有着鼓舞人的动机，会对不带偏见的民族产生巨大的影响——这里的偏见正是因私有制和私利而衍生出的真正的不顺从和懒惰。

其实抛开这一切，我从来没有奢求人们会毫无反感地一致听从最合理的忠告，所以推行制度中一些严厉的手段也是必不可少的。这些手段可以压服最初的不满情绪，让人们履行义务——人们一旦履行了这些义务，就会发现这简直是一种享受，继而以履行义务为乐。

其实就像我曾经说过的，这种法律只需要惩罚一种罪恶——那就是游手好闲，所以要定一些条文，让公民不能以任何借口逃避为社会公共福利而劳动。

也有人说，气候炎热的国家中，土著民族体质较弱，更倾向于游手好闲，所以更难接受这种政治秩序。我要说的是，要不就是这些民族相对富庶，要不就是他们生活上更为节约，他们反而会更愿意接受这种制度。要知道，政府按一定比例向民族成员分配各种社会劳动，整体的劳动负担自然大大减轻。简而言之，不管一个民族是新生的，还是不是处于纯粹的自然状态，也不管他们的个性有什么不同，这种在许多方面均有助于人们更加安逸的制度，难道还不能通过一点点微小的改动来适应所有民族的需要吗？

人不是生而有惰性，而是休憩本就属于幸福

有人说人都是有惰性的，游手好闲是自然反应。其实与其这样说，还不如说对于有理性的生物而言，休息和宁静是一种享受，追逐休息和宁静正是追求幸福本身。只是，这个支点本身容易变动，就像人的自然感情会周期性地遵循一定对象范围而变化一样，人也需要适应性地改变位置：持续地处在休息状态也会慢慢变成煎熬，所以人会努力得到新的休息状态。可恶的是，软弱无力、眼高手低等阻碍或延缓我们获取新状态的努力。所以我们要有自知之明，要求助于他人，甚至劝告本身也会变成一种帮

助——劝告人们"老吾老以及人之老，幼吾幼以及人之幼"，劝告人们分工协作、事半功倍。其实我更想说的是，如果合乎这些劝告精神的劝告被辅以法律的名义，它就会有更大的威力。

如果说有什么破坏了这种有益的劝告，那一定是某些专横的制度。这类制度只为保障少数人恒久富贵的安逸状态，却让大多数人背负劳动和艰辛——于是乎，一部分人无所事事、悠闲自在，而另一部分人则时时在厌烦和憎恶被强加于身的义务。总而言之，这种被称为懒惰的恶习，同各种狂暴的欲念一样，其本源也是无处不在的偏见，而后者正是那些与自然之法背道而驰的不良法制的必然产物。

人是生来就要活动的生物，如果不是什么东西使我们背离真正的使命，有益的活动本来就是生活的一部分。也正因此，权贵们才"饱暖思淫欲"，用令人疲倦的寻欢作乐消耗多余的精力和本不该有的"难受"的清闲。

所以，人其实并没有所谓的惰性，懒惰是后天的，或者换句话说，懒惰是因为人对一切真正有益的活动产生了厌恶。

现在，我们离开美洲土著，回到大陆文明！得承认，正是在这些所谓的文明民族中，才真正看到了有学问的评论家所描写的那种懒惰、任性和暴烈的人。甚至还得承认，我们的制度在这些人中间影响很小，因为即使让单纯而理性的人认识这种制度都要做出很大努力，更遑论他们。那我们就要问了，我已经证明了自然界不会把这些恶习传染给这些民族，那么他们的恶习从何而来呢？又是如何一步步发展至此呢？最初的立法者本来又应该做些什么呢？那就让我们拨开历史的重重迷雾追本溯源吧！正好也能回答为什么从来没有一个智者或任何一个民族运用这些可靠而又简单明了的真理。

先说几句离题话

是的，首先请允许我谈几点与主题没有绝对关系的想法。读者可能会说，为什么要花费这么多精力证明再明白不过的东西？好像的确是，还有那许多蒙蔽真理的政治和道德观点需要清除，花这些力气好像的确有点小题大做。

不过据我观察，以往对这些观点的抨击几乎总是以同样的方式出现，司空见惯！我们知道，某些根深蒂固的偏见是很顽强的，斩草不能除根，它就一定会"春风吹又生"；而且，哪怕忽视对它进行最轻微的打击，那些满怀偏见的人就会认为有什么不可克服的困难才让你望而却步。

君不见，在宗教或哲学问题争论中，有多少千百次被推翻的意见又新瓶旧酒卷土重来了吗？所谓"为大于其细"，如果错过这些细枝末节，那些骗子和顽固派就会乘虚而入并大做文章，把你给他们留下的那堆破烂堆积起来作为战利品，并以此蒙蔽无知的大众。所以，切记除恶务尽，万万不要让那些人重拾和宣扬他们以为完美无缺的陈词滥调。

看看那些所谓的宗教论证者吧，那些证明要么苍白无力，要么荒唐可笑，甚至会因此败坏了宗教的名誉。他们中的大多数甚至可能既不知道自己在捍卫什么,也不知道自己在攻击什么,他们随意杜撰,只要有利于显示自己胜利的观念即可。他们的激情值得称许,但难道因此而原谅其狂妄愚蠢、不学无术甚至是居心叵测吗?请原谅我碎碎念的离题话,现在我们回到正题上来。

民族真正起源和社会感情衰落的分析

首先来看民族衰落的物质原因,显而易见,这个原因绝对不在于民族起源本身。因为任何民族都必然起源于一个或几个联合起来的家庭,不论人数多少、领土大小,概莫如是。从前分散各地的一些偶然形成的群体并不是民族的真正起源,这种聚集只是其社会的起源;同样,由于迁徙或征服而形成的定居也不是民族的真正起源。相反,一切偶然的变化恰恰是原始状态遭到破坏的结果,而这些变化又会成为更大更新的变化的诱因。

既然任何民族都起源于一个或数个家庭,家长制政体就至少一定会存在过一段时间。在那段时间里,一切律法都以友善和慈爱的情感为基础,家长的榜样又在兄弟和亲戚中进一步巩固、促进这种情感的发展。其结果就是,在这种温和的政权下所有财产皆为公有财产,家长本身也不占有任何私产。

因此,对于世界上的任何民族,起码在形成的时候,领地内的管理一定就如我们看到的美洲小部落那样,或者像传说的古代西徐亚人①那样——西徐亚人一度被视作其他民族的摇篮，然而概莫能外的是，随着民族人口、家户的增多，兄弟般团结一致的感情淡薄了，家长制亦日渐式微。

有些民族由于某些特殊原因，人口一直很少，并且长居故土，往往一直保持着最初十分纯朴而又自然的管理模式。甚至于那些人口大增但没有改变居住地点的民族，也会始终保持着家长制性质的管理形式，尽管人与人的感情淡薄了，但的确这种感情似乎还能在大致都有血缘关系的少数人中间占主导地位。

相反，那些因本土人口过密而不得不向外迁徙的民族，或者因为长途跋涉和千难万险，或者因为新定居点的情况和性质，往往不得不做出与家长制管理不同的法律安排，这又是对家长制情感基础的新伤害。

因此，我们不难看出家长制衰落的三个物质原因：

其一是人口尤其是户数的增加，让我们称之为血缘之爱的那种情感与公有精神一起在家庭间逐渐减弱；

其二是迁徙，迁徙迫使每个家庭打破公有关系，在路途中负担一部分行李和食品；

其三是建立新定居点时的障碍和困难。

透过这些使血缘感情减弱、消失并几乎使所有公有关系遭到

---

① 希腊人对公元前8至公元前2世纪居住在黑海北岸、第聂伯河和顿河流域的居民的总称，西徐亚人是一支具有伊朗血统的游牧民族，公元前8至公元前7世纪从中亚迁徙至俄罗斯南部，以现今克里米亚为中心建立了一个富裕而强大的帝国。——译者注

破坏的线索，可以一窥个人之间、家庭之间或民族之间发生纠纷的根源，那也是一切内讧、战争和掠夺的不幸根源。部落之间的分化和日渐疏远，迥异的时间、地理、语言、风俗让彼此忘记了曾经同属一族。于是乎，血缘观念几乎完全破坏了，当他们相遇时，彼此都只把对方看成是异类生物，哪怕是最小的争论、最轻的口角都会引起肆无忌惮的厮杀。

立法者的不作为！

继血缘情感的减弱或消失，纷争出现了——不管是什么形式的纷争，最终让人民厌倦了形形色色的暴力状态，诉诸并自愿归于法律的管辖之下。

可悲的是，那些受人民委托去整顿习俗或建立制度的大部分人，甚至可以说所有立法者，既不去纠正流弊，也没有着眼于废除恶习和根除支持恶习的偏见，更没有寻求恢复或尽可能接近原始的自然之法。他们也没有做什么深度思考，只就自己所见待人接物。这些所谓的改革家和国家缔造者，充其量只不过是在这里使用几个平衡锤，那里用几根支撑柱，以此维持快要解体的社会罢了。

在追溯血缘感情减弱的本因中，我们找到了一切混乱的起源。同样，追溯社会的起源尤其是追溯赋予社会以某种形式的制度时，我们就会发现，那些治标不治本的法律恰恰是拙劣疗法之恶果的始因。换句话说，这些法律不过是祸害的第二原因，因为它们既无力阻止祸害的酿成，也无法预防恶的实际发生。法律的制定者常常把真正的弊端当作好事，甚至致力于给缺陷本身和与良好秩序不相容的事物赋予完美的形式，并将其制度化。

制定法律的根本目的是恢复和重新实行原本社会性的自然之法。因此，所有法律必须从普遍的自然之法中汲取特别条款，其条款只是为了扩展和解释自然之法；同样也应当确保自然之法的权威神圣不可侵犯。可悲的是，现行的法律背道而驰，它们没有从自然之法中汲取全部力量，也没有继承永恒不变的自然之法，于是乎，法律的不稳定、混乱及其重复繁多也就不足为奇了。

孟德斯鸠研究的正是这种混乱的变迁，在《论法的精神》中，孟德斯鸠通过剖析研究这些变化无常的法律历史，明确指出了法之精神的易变性。我的重点不在这里，我想研究的是，人类的法律为什么如此变化无常，在这些变化中又经受了哪些危险的考验。

所以，我不遗余力地再三强调：这些法律制度化地对自然界的事物以及自然界本身进行了骇人听闻的分割。于是，本应完整或因某种偶然原因被分开但仍应恢复原状的东西被割裂，社会性的破坏被不断助长促进。在我看来，这些法律不该破坏不动产的公有属性，不该使私有财产制度化，法律应该致力于让社会合理使用和分配非固定财产，而这只需要合理分配社会成员的工作职位和互助任务即可。即使考虑激励需要，公民之间确实需要某种和谐的不平等，那也应该通过对整体中每个部分的力量考查确定比例，且前提是不能触动支撑整个社会结构的根基。是的，我同意从经济学角度看，资产相对较多的富人可以考虑如何使用自己的收入。

在这一堆残砖瓦砾中,我们有幸得到一些原理,也正是依据这些显而易见的原理,我才敢断言:我们几乎可以像数学一样精确地证明,无论平等与否的财产分配和对于分到的那份财产的任何私有权,在任何社会中,都是贺拉斯[①]所称的万恶之源,一切政治和道德现象皆源于此。

这一点也可以解释下列所有问题:比如美德与邪恶、混乱与罪行的起源及其发展之间的相互关联,比如善行和恶行的真正缘由;比如人的意志坚定与否,比如欲念的放纵变质、抑制欲念的戒规以及法律的无力,戒规的技术性缺陷甚至是头脑和心灵中千奇百怪的谬见。在我看来,一切都来自立法者的冥顽不化,立法者固执地将本不可分割的、全人类共同所有的财富制度化地私有化,这让维系一切社会公益的第一环任人破坏,甚至本身就充当了这一破坏的刀斧手。

所谓的"最初的立法者也不容易"

可能有人会说我是在异想天开,最初的立法者也不容易,他们根本不会像我所谓本应该做的那样去管理人民,即使能够那样做,又如何保证法律、制度不会一样地容易被腐化呢?

我要说的是,就我们所知,最初受法律管辖的人民数量是有

---

① 古罗马诗人、批评家、翻译家,代表作有《诗艺》等。——译者注

限的，因此按之前的意见，正是这一基本事实让立法更加容易，也因而更有利于制定出好法律。那种状态应该更接近于北美各民族土著和移民者许多世纪以来所处的状态。他们中的智者不难以自然之法为基础制定法律，这些坚实基础在当时是显而易见的，没有任何瑕疵，不像今天需要用很大气力去挖掘。立法者当时发现这些基础被偶然破坏时，就应当通过恢复社会大爱来积极修复基础。立法者需要有敏锐的洞察力，知道这种感情有什么要求，并据此合乎逻辑地解释自己的法律；他们可以扩充法律，但不能失去法律文本的纯洁性。

可能也有人会问，即使立法者严格遵循自然之法，人民也都很顺从，难道在分配职业、满足需要、平等生存等方面就没有任何困难吗？要知道，哪怕是一点点的困难也会使最好的法案变成一纸空文。

我的答案是，这些不过是物和人的简单排列组合和运算而已，安排得秩序井然并不存在什么障碍。自古以来，我们的立法者设想和实行过很多困难得多的计划，当然，无一例外地失败了。要知道，除了偶然的意外以外，自然的理性和无数的障碍都不支持这些计划，而障碍又与谬误相互纠缠。如果有什么值得惊奇的话，那就是这些无知的人竟然无心插柳地做了一点事。

自然之法的磅礴力量？

试问，尽管梭伦和莱喀古士的法律与克里特人、印度人、波斯人、迦勒底人、埃及人等的法律，都有不足之处，但他们都完整地保存了那么长时间，并逐渐汇合成为世界性的法律。我们说希腊人像罗马人用武力征服其他民族一样，用自己的法律征服了罗马人；瓜分了罗马帝国的野蛮人又都沿袭了罗马人的法律，那么能够防止流血变革的法律持久性和稳定性又会怎样呢？

和平的自然之法本来可以让仁爱而良善的社会联系日益加强，继而成为其他民族的楷模；这种充满智慧的法律本来会逐步把温和的权威之花开遍世界，让最凶狠的民族放下屠刀立地成佛。可悲的是，这种法律从一开始就被人们所忽视，所以今天才显得好像行不通，但我们因此就要原谅当前民法和国际法原理的虚伪性吗？

民法和国际法原理的虚伪性

讨论这两种法典原理的虚伪性时，我是以人身上并不存在的邪恶本性为前提的。这些法典中有一些所谓的公理，第一条就是：己所不欲，勿施于人。该公理说，人们经常会为了自己的目的而伤害别人。但在我看来，好的法律一不会让人们有害人的残酷需要，二会让自然之法得到切实的遵守，因此这种情况就永远不会发生。自然不会刻意规定不想让人知道的事情，因此在自然之法中，没有"己所不欲，勿施于人"，自然更倾向于"己所欲，施于人"。

由此可见，第一条公理只是在一定条件下才会被触发，并非非遵守不可，甚至可以说只是偶尔才有必要遵循。

　　抛开你的和我的这种容易造成纠纷的个体概念，还有一种规定是这样的：不管在分配中存在怎样的不平等，少得的人都不能去扰乱多得的人，不走运的人应相信某种推论从而服从法律安排。所谓某种推论就是，倘若自己就是好处的第一个享有者，自己也不会忍受别人将好处夺走，这就是反对者所谓公正格言的真义。但试想，如果人们完全平等地享用生活必需品，还需要你争我夺吗？这种平等难道不会自然而然地让伤害他人的任何想法和欲念烟消云散吗？

　　所以，基于第一条公理得出的一些推论就像公理本身一样站不住脚，比如有一条推论说应当以暴制暴。那我就要问了，是谁默许甚至诱使人们走向这种极端呢？所有热衷征伐的民族都很善于利用这种默许，直到精疲力竭、两败俱伤，他们不得不短暂地停下来，才开始无奈地讨论"己所不欲"的反思。然而，以战止战真的又有多少用呢？为什么不在预防战争的起因上下功夫呢？

　　有人会说，这完全是异想天开，建立永远不试图相互伤害的十全十美的和谐是完全不可能的，所以我们才要给罪恶以惩戒，让他们感到相互伤害是多么划不来。这一点我同意，但是这种情况要尽可能少，程度也要控制得尽可能轻微，同时要绝对避免伤害他人的尊严，更要保障基本的福利和生存所需。这些看似不起眼的智慧举措，会让熟人、朋友或亲属之间小小的分歧、不快得到合理的化解，一时的口角也不致引起完全的决裂。到那时，"己所欲，施于人"大行其道，正面督促会大大促进小小罅隙的弥合，无益的以暴制暴的消极法典也就没有必要了。

早期的基督教精神教导人们接近自然之法

最初的基督教徒用的正是这种方法——无论对自己人，还是对最残酷的迫害者，他们都建议远离一切暴力。早期基督教的若干主要教义让教徒们笃信人生而平等，这些教义缓和了主人和奴隶的关系，让奴隶不是因主人的威严而是自愿劳役。早期的教规只允许暂时使用现世的财富，劝富人舍弃财产，并把财产分发给穷人。他们还强烈要求以温和、谦逊、克制和耐心的态度对待一切人，对于真正仁慈的人，教规许以无限的奖赏，鼓励履行这些义务，同样也以可怕的威胁阻止他们背离义务。

早期的信徒们令人钦佩地恪守着这种近乎完美的道德，大家吃同样的饭菜，富人在饮食方面向穷人供应大量必需品，与穷人同桌用餐；有的人把大笔金钱交给教会，有的人放弃自己的财产加入乞讨的行列，凡此种种，显然是要人们接近真正的自然之法。如果单纯把早期的基督教义看成人类的一种制度，它堪称完美。

那时候对基督教的迫害，反而成就了信徒们的英雄主义，他们的坚定不移和纯洁品行，让基督教赢得更多新的信徒，这比神秘的教义更有说服力。他们不畏艰苦的精神，使荒无人烟的不毛之地住上了共享劳动果实的人民。只可惜，他们以不留后代为荣，否则他们繁衍生息，代代相传，美德亦然。

为什么基督教精神难以为继？

更可惜的是，基督教本身也有它的缺陷，一些做法让早期更符合自然之法的清规戒律和习惯日渐削弱。那种无视凡俗尘世之爱的冥想最终变得对社会毫无益处，甚至成了懒惰的借口。胜利了的基督教推倒了旧时的英雄，他们保护教义的神秘性甚于保护坚定、纯洁的道德。为了照顾这种神秘性，他们不再有面对异教时那种强大的力量，对背离自然意向的偏见、习俗和民法他们无力回天。

这种道德在不违背其所依据的高尚思想方面，是与自然之法相符合的政治制度典范，可以作为优秀的榜样，但因其无力改变的弊端，但道德终归只是道德，缺乏法律的约束力。其结果就是虽然潜移默化地改变了民族的信仰，但没有改变其政治制度，也没有改变风土习俗，人们之所以认为自己是基督教徒，只是因为不再崇拜石刻或铜铸的图腾，转而参加新宗教的仪式罢了。宗教本身完全是精神性的，它向粗俗的人性弱点让步，允许他们继续保留某些陈旧的迷信活动，甚至容忍土著更为荒谬的习惯。纷繁的仪式让人们忽视礼拜的主要对象，附加品反而占据了宗教的主要位置。

人们在特定日子或特定时刻参加了这些仪式，就以为履行了全部的宗教义务，这种豪华的仪式在主演们心中唤起或产生了虚荣心和高傲感。是的，人就是这样的，每逢受勋的时候，就如同负载圣物的骡子，自以为伟大、了不起、应当受到尊敬，于是乎，宗教的富丽堂皇很快演变为神职人员的奢侈。对他们来说，虔诚的教徒如同朝臣和子民，而平民也确乎把最按时参加礼拜当作最完美的象征。

而那种血浓于水的血缘之爱、那种本应劝善各民族的自然之法，究竟经历了什么呢？由于政治措施的缺失，慈善事业的管理始终没有稳定的形式，大受褒奖的慈善反而被无数滑稽可笑的仪式李代桃僵；再后来，慈善跟私有制和私人礼仪结合以后，又染上了二者的弊病，或者更准确地说，慈善逐渐变成了赋予富人浮华而短暂的慷慨之名的幌子，这种慷慨并没有改变穷人的命运，却成了维护富人游手好闲的工具。

于是，人们看到神职人员把穷人的遗产据为己有，还恬不知耻地说这是自己祷告的报酬；人们还看到，神职人员和中介如何与临终的愚蠢富人讨价还价，美其名曰救赎他们生前的罪恶；人们还看到骄傲的大主教们把本应如兄弟般的劝诫变成了以使徒虔诚为装饰的蛮横无理的统治。归根结底，普通平民虽然改变了信仰，不再有所谓的迷信，但却依旧受着欺骗，只不过变成了传统的政治和道德欺骗他们。

修道精神与自然之法背道而驰

请不要说什么真正的基督教精神仍然保留在那些修道院中。是的，有人说我所赞扬的共有财富、生而平等、互相帮助等依然存在，确乎有遵守完美的自然之法的团体，就是那些修士。

第二篇 传统政治的特有缺陷

请不要这么说,这些偶然集合在一起的人群,他们散落在社会衰弱机体的犄角旮旯,与疲敝国家的富户人家相比,或许算得上一种荣誉,也的确会偶尔对国家做些好事。但归根结底,这些游手好闲的人组成的怪异团体不过像寄生植物一样,贡献甚至还不如一根最坏的枯枝。

试想,即使在管理最好的民族中,这些孤立的团体又是什么样的"帮派"呢?他们好像串通一气似的,不仅以千奇百怪的借口逃避公民的一切义务,还要享受最高的特权。我要强调一下,不!自然之法的精神绝不允许自己被禁锢在这犄角旮旯的黑暗中,恰恰相反,自然之法本质上应当平等地传给全体人民,应当使全体成员进行同样的活动,具有同样的倾向,有着相同的纽带把所有人联结在一起,根本不可能允许这些捣乱团体造成断断续续的空白。

如上所述,根深蒂固的习俗、观念和偏见让传统法律畅行无阻,而其原理又充满缺陷,后果十分恶劣。这种法律与自然之法是如此的背道而驰,以至于政治谬误和道德谬误步步为营地日渐得势,终于无法挽回地僭越了真理的名义、威信和权利。

反驳《公正文库》的意见中还提到,平等方案是最违反人性的方案,人生而"或者奴役别人,或者被人奴役",中间状态恰恰是人最无法忍受的。借此机会我不禁也要反驳一下。

就如同我上面解释过的,人在一些方面是完全平等的,而且应该一直都是平等的,自然会根据每个人不同的才能赋予不同的地位及其利益攸关方,但这种安排并不会改变基本平等的准则。

什么是自由，什么是依存？

现在，我们探讨下什么是真正的政治自由或公民自由。道德家们对真正的自由始终缺乏正确的观念，一如他们对待道德的善恶。

首先，真正的政治自由，应当让人没有阻碍、无须担心地享用一切能够满足自身自然愿望的东西——当然这种愿望本身也应该是合理的。这种美好的自由可能因某些原因而变化，不过只要享受自由的手段未受破坏和扰乱，这些因素终归会使享受自由成为十分可能的事。

不同的是，如果把自由理解成绝对不允许人与人之间存在任何关系的完全独立，自由就会变成彻底的放任自流，人就像草木一样孤独一生，社会也就不复存在了。

人们的相互依存关系及其各种各样的自然关系并不意味着缺乏自由，也不存在所谓过分的拘束。恰恰相反，正如生物体各种器官相互联结和依存一样，这种联结和依存排除了一定的障碍，增强了人的力量。要知道，假使我们的软弱无力和自然弱点得不到援助，我们确实会不断地遇到各种障碍。因此，这种依存关系让我们帮助别人或者被别人帮助，有助于自我保全、有助于公民福利，也有助于自由本身。

但是，这种帮助别人或者被别人帮助却变成了《公正文库》中的人生来"或者奴役别人，或者被人奴役"，甚至几乎所有哲学家也持有一样的观点，如果不是因为偏见、习俗赋予这句话以令人憎恶的含义，我也不会去挑剔它的。我想说的是，这句话本来应该是这种依存关系让人们或者得到他人的帮助，或者帮助他人。这种含义中只有真正的自然权利，没有主人与奴隶之分，或者更准确地说，上文定义的自由在这里有着更加一致的支持。

这里既没有主人，也没有奴隶，因为依赖关系是相互的。儿女依存于父亲，与父亲依存于儿女别无二致，一个舐犊情深，一个乌鸦反哺，自然感情让双方紧密地联系在一起。一如国家的所有公民一样，不论这种依存是存在于个体之间，还是存在于集体之间。

社会由形形色色的人组成，有人天生娇弱无力却才华横溢、心灵手巧，也有人天生四肢发达，却头脑简单；婴幼儿需要成年人的呵护，后者年老体衰后也需要长大成人的前者赡养送终。中年人不仅仅帮助老年人，也同样在社会中彼此互助。

统治政权的弱点

让我们看看各民族的管理现状吧！有多少高高在上的"主人"，有的只是主人的虚衔而已，人们表面上对他们卑躬屈膝，暗中却团结一致对抗他们独断专横的意志。可怜的君主们，哪怕是你们眼中最下贱的奴隶和最卑微的妃子，只要他们一察觉你们的弱点，比如你们任性的脾气和行为，他们操纵你们就像骑手驾驭看似难以驯服的马匹一样自如。

所以，强大的君主们，告诉我谁是你们的宠臣，谁是你们的爱妃，我就能告诉你们谁才是真正的执政者。当然，你也大可不必猜疑他们忘恩负义，实际上他们也只是代过而已。褫夺你们威望的另有其人，或许是他们的仆人，或许是他们的丫鬟，亦或许是他们的马夫，我也搞不清楚，甚至于是什么更卑贱的，比如某一妖僧、某一道士在真正统治着你们的国家吧？！他们会把你们宠爱的人安插在你们身旁，并借为他们的人，从而掌握权势并拥有地位，这么说你们会相信吗？

不信你们仔细看看自己的专制政权是多么虚无缥缈！我尊敬的苏丹①，前一段你不是要增课新税吗？是的，为了减轻人民的负担，你没有免除任何一个高官、任何一个蒂马尔主②的赋税，大家也都服从了你的命令。

但穆夫蒂③、伊马目④们呢？他们的确在清真寺里不断高喊"请大家听从国君的话，王上是神的象征。放弃尘世暂时的幸福，留下少量的财富，把其余的施舍给穷苦的人吧！只有如此，天堂才会接纳我们！"你以为这些满口仁义道德的人真的表里如一吗？你以为他们真的会把财富送到你的国库，让穷人少一些劳作和痛苦吗？于是乎，你让这些先知的代言人给你一份清单，列出先人和整个国家民族曾经慷慨恩赐给他们的巨额财富。

令人咋舌的是，他们纷纷摘下伪善的假面具，你会看到这些

---

① 系指穆罕默德苏丹一世，1730—1754 年在君士坦丁堡执政。——译者注
② 被授予蒂马尔的军人，奥斯曼帝国时期，蒂马尔是次要军事采邑的名称。——译者注
③ 古兰经的解释者，负责阐明宗教和法律问题。——译者注
④ 领导做礼拜的人。——译者注

无耻之徒不惜违犯宗教的第一戒规，竟然以宗教之名为自己的抗拒辩解。你的最高政权怎么会变成这个样子？据说，你甚至要害怕了，要为自己的生命而担忧了，你的迪万①想制服这群叛乱分子，而你却不得不让他保持沉默。

而后不久，这些刚刚让你的权威明显受损的叛乱分子，就像对自己的偶像时而虐待、时而爱抚的印第安人一样，又转而依靠你恢复甚至强化他们的统治，甚至于那些被"神明"天选的君主都不得不臣服于他们的统治。

我不禁想和世间的暂时统治者说，一旦公民对你们和国家尽了自己的义务，至少要让他们心安吧！只有心安才会感受到自由，这一点哪怕带着最残酷的奴隶制镣铐也不会变。君不见，那些灭绝的民族不正是无所不用其极地凭空洞的借口压制人们的理性吗？

其实苏丹们应该感谢自己的迪万，是他识破了这些小暴君野心勃勃的诡计，是他告诉你这些所谓先知的代言人不止一次地策划了宫廷阴谋，是他提醒你人们经常见到不可一世的穆夫蒂自认为如天使之于凡人一样凌驾于你之上，是他告诉你人们眼见他们窃取支配国家的大权。

你的迪万警醒你，尽管穆夫蒂们、伊马目们的邪恶已使人民有所醒悟，但还要盯紧这些危险人物，防止他们利用在民众中散布的观点和谶语恢复已被摧毁的权力。其实你应该感谢贤明的迪

---

① 苏丹的国务会议。——译者注

万，他揭露的这一切阴谋诡计会给法律、安宁甚至你的政权带来多么大的危害。可惜的是，这一切都是徒劳的，阴谋家们像变戏法一样，诡异地让高高在上的王远离真理，让人们把可敬的迪万们的热情视作对君主的冒犯，最终迪万们被驱逐了[①]。

强大的君主们，请允许我再问一句，你们如此恋恋不舍的政权究竟算什么呢？不过是善于蒙蔽你们的骗子或佞臣的工具罢了，你们所谓的权柄，不过是坏人们施于忠实臣民的笞杖。

凡此种种，无不表明，在凡人双手创造的道德世界里，既没有真正的服从，也没有真正的自由。

国家的动荡和衰落分析

从国王的权杖到牧羊人的棍子，从教皇的三重冠到修士的长披巾，究竟是什么支配了芸芸众生？是个人利益！即使有什么虚荣心让人接纳了别人的利益，那也一定是服从于个人利益的。这个可恶的妖魔究竟来自何方呢？是私有制！

人世间的智者们，想在这类暴君统治的地方寻找完美的自由？放弃幻想吧！所谓完美的政体、所谓明智的手段、所谓幸福的法律，随便你们愿意怎么说吧！只要私有制依然存在，人民大众就绝不会从你们虚无缥缈的长篇大论中得到幸福。国家终有一天会陷入可悲的境地，而你们又会把这可悲的结局"无可奈何"

[①] 暗指1753年5月议会被逐事件，议会拒绝通过关于准予冉森派教徒行最后圣礼的法令。——译者注

地归诸偶然和天命，还美其名曰"国家的动荡与个人命运的起伏别无二致"，真是匪夷所思。

这种偶然或者所谓的道德天命，说穿了只是与你们所预料的不一致罢了，因为你们忽视了自然的意愿，也就无法了解自然意愿是如何把这一切真正结合起来的。在自然的计划中，不存在偶然；在自然的运行中，不存在突兀。自然的发展进程是稳定的、一致的，因此我要再重复一遍，这种使国家变成君主国又使君主国变成暴君政体的过程根本不是什么所谓的偶然或"真正"的天命，可以说一切都是种因得因、种果得果——不过是私有制和私利，时而吸引人们熙攘麇集，时而役使和控制着芸芸众生。

你们说，"民主政体以正直和美德为基础，贵族政体以克制为基础，君主政体以荣誉为基础，专制政体则以残酷统治乃至恐怖为基础"。我的天哪！这支柱未免过于脆弱了吧？那岂不是说一切政体都或多或少以私有制和私利为基础？要知道私有制恰恰是一切基础中最不牢靠的基础。

由于财产和地位的某种平等的制约，个人私利在国家中一定程度上、一定时间内可以算是与社会的公共利益保持均衡。以此推论，离开自然状态不太远的也就不太邪恶，这个"不太"就成为他们的美德。但要知道，任何均衡都是剧烈对峙的产物，哪怕最轻微的扰动都能打破这种均衡。

那为什么要把本可以置于牢固而平稳的基础上保持平衡的东西悬空起来呢？为什么要用引导"人不为己"的私有制这种最能破坏公共福利的东西限制公共福利呢？你们以为可以用什么反对

这种贪婪倾向呢？

曾经你们认为或许软弱无力的德行有点儿用，然而很快有人就发现可以贪婪巧妙地以这种德行为自己的目的服务，于是乎几个家庭成了社会和政府财产的主宰者，继而整个民族的公共利益变成这几个联合家庭的私人利益，正是他们奴役着大多数人——贵族政体由此形成。贵族政体的成员需要克制，一则是为了避免彼此之间的猜忌，二则是为了向人民掩饰令人憎恶的统治，而后者正成为大人物在政体中给人民留下的自由的影子。

然而，一旦贵族们越出这种克制的范围，他们之中的某个人就会巧妙地利用彼此之间因猜忌而引发的纠纷和全体人民对与他同一阶层之人的憎恨。再然后，这个机灵鬼博取众望，被人们拥上王位，再或者通过那些被他贬于次要地位的家族来达到同样的目的，君主政体应运而生。这个政体几乎不占有任何社会财产，却制定和掌控着财产分配的法律，可以随意支配政体内的任何人。

君主政体中，人们不再是为祖国服务，而是为君主本人服务。人们貌似出于爱戴君主去履行自己的义务，实则是自身期待的功名利禄只有从君主那里才能得到，只有依靠引起君主赏识的丰功伟绩才能满足自身的欲望。所谓有德行的人也必须博取君主的重视和宠爱，于是乎与一切优越感相连的观念——我们称为荣誉——就成为君主政权的基础。这恰恰是最讽刺的地方，多少偶然很快让荣誉变成奴颜婢膝。君不见，罗马人在前两代皇帝统治时期何等荣耀，却在后世的暴君统治下成为最卑贱的凡人！

阿谀奉承会很快腐蚀掉最伟大的国王，谄媚的宫廷侍者、臣民迅速蜂拥而至。为了得到国王的恩宠,几乎不再有什么人诤言不讳地使国王相信人们与君主的关系就像自然界与造物主的关系一样。他们会让君主不自觉地以为,人民之于君主,犹如家畜之于人。慢慢地,人们只能看到代表暴君意志的无耻家臣。同样,某个卑鄙的阴谋集团还负责教育王的继承者们,这个下贱的宦官集团,不断愚昧着他们,让有害的戒规代代长存,而受到阿谀奉承的家族也日渐对之习以为常甚至好感颇深。

可怜的老百姓呀,及时行乐吧!你们有了一个王子,自然也的确曾经赐予他给所有人带来极大快乐的天赋!问题在于这种天赋的发展……唉!哭吧!结果并不如你们所愿,你们的希望就快要落空了。一群怪物环绕着你们的王子,他们散发着各式各样的毒,毒雾笼罩、压抑和扼杀王子的天赋,目的正是为了扼杀未来的鲜花,而他们也很容易成功,因为王子的脑袋很快就会充满最粗野无知的人的一切谬误与偏见,无法抵御哪怕貌似懦弱的女子迷信的恐惧,也无法摆脱支配一生的那种吝啬和统治欲。

所有这些自认为高人一等的奴隶都力图建立专制政权,而后者很快便让民族陷入混乱状态,进而导致彻底毁灭,与此同时,使民族陷入毁灭深渊的沉重枷锁也将随着民族一同沉埋于历史的泥沙之中。

是的!那些最兴盛的国家都是这样逐步衰亡的,如上所述,引起悲剧的不是私有制和私利又是什么呢?唉!千里之堤溃于蚁穴,也许这就是国家的宿命吧!

什么才能让国家长治久安?

有人也许会问,难道财产一律公有的国家就能跳出历史盛衰的周期率吗?这种动荡就一定不会有吗?是的。诸君不妨先放下偏见,接纳这一极好的原则,也把荣誉、德行等崇高观念与该原则以及其衍生出的一些好东西结合起来,这样你们就会使民族的美好命运永远保持下来,我们将只有一部宪法,只有一个政府机构——不论它叫什么名字——当某一个民族只服从于我们以上所阐述的那种自然之法,并尽可能保留家长制领导的时候,那才是理想的民主政体。

如果为了更虔诚地遵守这神圣的法律,有人说要更有秩序,要让法律更迅捷地被执行,人民把权力交给某些英明人士,由他们负责发号施令完成自然之法要求的规定动作,这种政体就与贵族政体相类似。

如果为了使政治机构的运转更精确、更有序,需要由一个人启动这个机构的发条,国家就与君主政体相类似。

不过,绝对不能引进私有制——是的,这个意外能毁掉一切——政体就永远不会变质,所幸的是,在我们的理论中,恰恰有成千上万种防止这种意外的方法。

以天下之病而利一人?

那么,自然之法究竟已经被破坏到了何种程度呢?可以说已经让人的道德观念和政治观念完全颠倒了。国家变成了任由君主拨弄的乐器，君主愿意听什么音，就拨弄出什么音。那么什么是弦呢？正是盲从的大众，是的，他们通常不知道自己的希望是什么。人们茫然地摇摆着，突然转向有害于他们的东西，一如突然转向他们觉得有益的东西。如果不服从某种可怕的权威，他们甚至永远组成不了社会。

人应当被管理，但普通人从什么时候开始变成盲从的群众呢？还不是从私有制和私利诞生之时吗？相连的谬误相生相随，意愿的分歧亦如期而至。这种分歧是如此繁多复杂，一千个人眼中有一千个哈姆雷特，甚至很难找出十个人能对某件有益的东西持有相同的看法，也无法就平等享用这件东西的看法取得哪怕一丁点儿的一致。

可以说，几乎任何人对构成社会本质的东西都缺乏正确的理解，哪怕只是很小的社会。专制制度总是禁锢人们获得真正自由的观念，怕人们拥有这些观念。要承认，他们是成功的，人民或整个民族的确变得越来越任性、越来越失去理智，最终变成无数意愿和感情相互对立的集合体，其骚动比大海的怒涛还要凶猛。可以说，人民或整个民族最终与一团烈火无异，如果凶猛的火势无法被制约，这团烈火终将自我吞噬。

这不是危言耸听。在我们的智者看来，人主正是为了用力量和权威引导整个人类走向幸福而存在的，因为人类自身常常不了解这种幸福。在他们眼中，人主如同把愚蠢的畜群赶向肥沃牧场的牧人，仿佛人民一旦离开他们就会陷进泥泞池沼，甚至进而衍生出一条奇妙的准则，说什么专制君主正是为了人民的幸福而生。

我不禁要补充一句，如果真的要造福于民，首先应当消除人们的糊涂观念——那些蒙蔽人民双眼让他们无法识别自身幸福的糊涂观念。然而，事实却恰恰相反，全体人民往往为了几个凡人的享受而不得不牺牲自己的安宁和幸福。凡是主张使人民处于卑贱地位的观点大行其道，如果大多数人在这种奴役性的繁重劳动中得到好处那还说得过去。但如果只是几个家族或者仅仅一个家族富贵荣华，而整个民族或大多数人贫困不堪，那就适得其反了吧？

悲哀的是，身居高位的人可不管那么多！于是我们看到，千百万人只能勉强活着，各种苛捐杂税甚至夺去他们的部分生活必需品，但对于所谓的人主而言，完全没有关系。因为那个代表全民族的家族、集团或者不如说是幽灵，他强大而又富有，他的权力稳固、代代相传，他的统治延续、不断拓展，他关心的仅此而已。在他眼中，其他人只不过是一群确实还有点用处的低贱动物而已，即使真的有什么意外，只要"这类动物"还能保持一定数量，主人又怎么会真正关心他们呢？马基雅维利主义[①]正是建立在这些卑劣的原则之上，而根据这些原则，老百姓和君主的关

[①] 马基雅维利（1469—1527），意大利政治家和历史学家，以主张为达目的可以不择手段而著称于世，马基雅维利主义也成为权术和谋略的代名词。高马基雅维利主义的个体重视实效，保持着情感的距离，相信结果能替手段辩护。低马基雅维利主义者易受他人意见影响，阐述事实时缺乏说服力。高马基雅维利主义者比低马基雅维利主义者更愿意操纵别人，赢得利益更多，更难被别人说服，他们更多的是说服别人。但这些结果也受到情境因素的调节。——译者注

系与希洛特人①和拉栖第梦人②的关系别无二致。

自然之法让君主权力和职责真正伟大

那就让我们颠倒过来，让事物重新恢复自然的秩序，也就是整体比局部更重要，全人类比最出众的个人更重要，整个民族比最尊贵的家族和最受尊敬的公民更重要。

国家的高级官员们、君主们，对于所管辖的人民来说，你们在自然之法中应该是什么呢？只不过是关心人民幸福的普通执行代表。如果玩忽职守，你们就会失去一切职位，变回社会中的普通一员。所以要战战兢兢、如履薄冰，这样才能成为受人爱戴的最忠实公仆。试想，如果不忠实、蛮横无理，甚至于设法压迫人民，你们又如何配去服务人民呢？

遵守朴素的自然之法的民族把某个公民推为首领，人民当然有权对首领提出合理的要求："我们责成你促使所有人遵守既定的规则，从而维持人与人之间完美的互助关系，任何人都应满足生活需要，既包括物质上的必需品，也包括精神上的娱乐。正因如此，我们敦促你一丝不苟地保持这种秩序，制度化地公告维持

---

① 斯巴达的农奴，很可能不是一个民族，而是被斯巴达人征服的那些国家的居民，例如许多美塞尼亚人被征服后就成了希洛特人。希洛特人的生命、财产和劳动工具，完全控制在斯巴达人的城市公社手里。斯巴达人残酷地虐待希洛特人，引起希洛特人于公元前7世纪和5世纪发动过数次起义。——译者注
② 代指斯巴达人，拉栖第梦是古代希腊伯罗奔尼撒半岛东南拉哥尼亚的别称。——译者注

秩序的有效方法，从而方便我们接受这些方法，鼓励每个人付诸行动。

"真理给我们规定了这些法律，我们需要你一直恪守这些法律，我们把这些法律连同真理赋予每个人的权力和权威授予你。你必须保证履行传令官的职责，任何意志薄弱、妄图悖逆法律和真理的人都要被约束。同样，如果你违反了自己的义务或者渎职，如果你想强加非法律所规定的义务，法律就会立即剥夺你的一切权力。到那时，你将毫无威信可言，谁都不再听你指挥，人们不准你乱说，你马上会回到凡夫俗子之间然后泯然众人，与大家一起服从必须服从的制度。

"我们认为你能胜任管理职责，满怀信心听从你审慎的指引，这是我们对自然赋予你杰出才能的崇高敬意。如果你忠于职守，我们将不负上天的恩赐，像尊重父亲那样爱戴你——这是对你的奖赏，是你的伟大与光荣。成千上万与你平等无二的普通人，热情地关心你的生活，想想看，你得多么幸福才能配得上这种关心！

"造物主是至善的，上帝让我们成为社会的人，你要维护这种特质。造物主是自然界的动力之源，维持着自然界令人赞美的秩序——那么请你做好政治机构的动力之源吧！这方面你似乎应当仿效上帝！你自己同样没有私有概念，涉及你个人的东西，并不存在什么无可争议的权利，这一点与普通公民没有区别，因为你不得有其他需要，亦不得尝试其他的享乐——一句话，众生平等，没有孰优孰劣。如果我们觉得你可以继续执政，或者你的某个亲人可以继续执政，我们会自由选择，这一点你不得有任何奢求！"

我不禁要问，是什么法令或者封号或者哪个时代的什么"占有法"违反了神圣的真理，让君主不再被约束，让那种最高恩惠者的权力变异为君权神授般的特权。言尽于此，诸君大可以依据以上所述去判别各式各样的政府。

于是乎，我们已经发现，一切混乱和祸害的起源、原因和发展都与各种社会腐败的法制密切相关。接下来，我想说的是，传统道德一样难辞其咎，透过被大多数道德家不断复杂化的观念，我努力剖析不幸和道德之恶的关系，以及这些谬见又如何进一步影响了道德戒律。

第三篇
传统道德的特有缺陷

自然的恶与道德的恶

人总是在不断判断一切与自己有关的事物，当然这有可能是种自我防范的本能。凡是间接或直接使人不快或者让人觉得被侵犯的事物都被称为恶。继而，通过更加深入的思考和研究，恶被区分为不同的种类。

人们把使人不快的物质或者物质的变化称为自然的恶。比如一朵美丽的花凋谢了，或者什么有用的物品损坏了，对我们而言造成了损失或伤害，让我们感到不快和惋惜。有的时候我们也会受到非恶意的伤害，比如石头撞击，这些偶然事故也属于自然的恶，人们往往称之为不幸。

人为的、蓄意的原因造成不快或伤害的恶就是道德的恶，存心行恶的人便是恶人。反之也就有了善，非人为原因的善是自然的善，人为原因的善是道德的善。这些原因统称为善因，其作用称之为善行，我们的感受称之为快乐，事情本身称之为成功，而这种境况也叫作幸福。假如有可能，人们会尽可能争取缩小那已经够大的、令我们痛苦的事物范围，也会尽可能争取扩大那个很小的、让我们感到幸福的事物范围。可悲的是，道德家们却以缩小幸福边界为荣、为乐、为己任。

神灵眼中没有自然的恶

在我看来，自然的恶起源于我们在自然界中所处关系和地位的易变性，而非自然本身。不证自明的是，在英明的造物主看来，存在即合理，在宇宙的总秩序中，一切都尽善尽美。造物主不会创造让自己不快的东西，所以神灵眼中没有自然的恶。而且自然的恶也压根不来自创造一切秩序的造物主，自然的恶本质上是无生命事物之间关系的紊乱，而这种紊乱甚至有可能只是有限智慧中的无知和谬误。由此可见，我们称之为自然的恶的事物，可能即使对我们本身而言也是不准确的称谓。

第一，令我们不快的大部分偶然事件都与狭隘的眼光直接相关，人类如盲人摸象一样只看到其中若干片段，无法看到完整的秩序和联系，便以为不完美。很有可能在偶然事件的背后，并不是我们称之为自然的恶的东西，而是在让我们摆脱或防范有害事物的紧急示警。

第二，焦点或许本来就不应该放在那些所谓"有害"的作用上，反倒应当放在其背后的善行上。就像无生命之物一样，我们也无法长生不老，但这并不是抱怨造物主把我们逐步投进冷漠的虚无之中的理由。或许他让我们遭受的短暂变故，仅仅是完整计划中的一个小小片段。但凡有理性之物，迟早会逐渐感到仁慈，体会其全部价值。

道德的恶是人的恶

综上所述，宇宙中其实只有道德的恶。道德的恶只对理性的人产生作用，只能打击人、侵犯人。我们曾经说过，那种放肆为害的存心就是恶意，而对于感受到这种恶意的人，感觉是侮辱、伤害。如果我们认为神也受这种十分可恶的关系支配，那只能说是人想多了，这就好比假设神也像人一样会生老病死，多少有点没有根据。

有人会说不对，道德的恶也许不能侵犯神，不会使神悲痛，也不会搅扰神的安宁，但总会使神不快吧？即使作为旁观者，我们看到别人被恶行相加时，也会觉得激动，这种良善的情感难道不正如神的善意吗？

别着急，很快你就会看到，虽然在目前的社会这种所谓的"同情心"貌似有一点用，但很快你就会知道它是多么地虚假。事实上，这不过是一种谬见，类似一种错觉，只是当人们不再听从自然教益时，矬子里拔将军地找补罢了。如果人类服从自然之法，这种错觉完全是画蛇添足。

在我看来，只要人没有背离自然，就无须臆想自己的越轨行为会把神得罪。因为我们已经证明了，在自然感情的巧妙支配下，人是不可能作恶的，在这种状态中，一切的一切都会让人感觉必须为善。

自然秩序和道德秩序之间的相似性

与对于世界的自然秩序一样，上帝对人的行为规定了总纲，这种总纲不因任何外在事物而变化。只要所有事物都按照这种简单而成效斐然的计划而进行，一切就会异常协调地前进和运动。全能的造物主并不在意次要的原因，也不在意那些特例，造物主总是任其自然发展，或许这也是他掌握过程和联系的一种形式。随着科学的发展，人们日渐接近这部机器背后的各种机制，能够在大多数事情上一窥端倪。

同样，在道德世界里，神也为人类规定了不可动摇的纯洁原则，他总是赋予人们能够互相保全的能力。正如让无生命之物进行类似随机、机械的运动一样，神把人们交给了一个向导，让向导深入到人群中，甚至可以说完全掌握人们的一举一动。这个向导就是自爱的感情，同时这种感情如果没有他人的帮助就会显得苍白无力，所以人一定会产生与人为善的良好愿望。而人类的弱点，就像物体的惯性一样，让人服从上帝给人类行为规定的总纲，这个总纲同时把所有道德的生物联结在一起。只要理性没有被蒙蔽，这种吸引的力量还会不断增强。

Code De La
Nature ▶▶ 自然法典

人性本善！

人性本善，这一观点远远早于有人告诫我们不要为非作歹，童年时光正是这一美德的养成时期。此期间人类有足够的时间，且不受任何恶念侵袭，善行的观念得以不断发扬和加强。

社会性的动物都会经历这样的过程，与人温和的倾向与所获得的力量相辅相成，最初的动作仅仅是需要的示意，绝对不会是非常凶狠的异象。即使受辱，也只能在天真活泼的童年中留下短暂的印象，一点点的善意就会使之烟消云散。虽然在这个阶段，激动和忧虑也常常表现得异常强烈，但这不过是敏感而已，并非什么堕落的标志。人还是一个什么都不曾经历并且想要经历一切的人。

童年的我们不懂什么是认真的生气，因为不知道什么东西会有伤害，我们不顾一切、直截了当地追求快乐。作为补偿，我们经常能得到父母或周围人的帮助，这些人的关怀、抚爱、照顾就是对我们持续的爱的教育，而爱不正是一切善行的本源吗？是的，由于感到这些造福于己的可爱的人，我们也同样激起为善的心。

长期的经验表明，这就是我们出生后最先的表现，神的善意也希望如此。所以不要说什么既然善念会先于恶念，那么生活最初的不幸就会让恶念捷足先登。我要强调的是，在人所建立的道德秩序中可能如此，但一向先于道德秩序的自然秩序至少会在一定时间内防止这种有害的倾向，如果在这个宝贵的时间内我们通过规则、戒律或榜样来维持和巩固最初的善念，人类就永远不会落入恶的窠臼。反之，一旦童年不再，那些力图危害我们的所谓自由的人就来教我们模仿他们，善的教育也就一去不复返了。

用什么对抗道德的恶？

由上可知，可以肯定地说，在人类社会中，行善以获善这一主要的道德观念要远远早于"己所不欲，勿施于人"。只要取消私有制，消除那些随之而来的盲目而无情的私利，扫除维护私产的一切谬见，进攻的或防御的抗争自然就会逝去，疯狂的欲念、残暴的行为就会失去生长的土壤，甚至道德的恶也不再有。

即使还有某些痕迹或旧的残余重新冒头，也不过是小的偶然事件而已，不会有什么严重的后果。即使还有争执，恶念的对抗也无法遮蔽理智的光芒，些许轻微的冲突不但远不会削弱自然善行的威力，反而会让人们觉得善愈发弥足珍贵。总而言之，就像在其他地方见到的一样，社会将只存在某些微小的不一致，而这些不一致非但无损于社会本身，反而会成为社会和谐的一部分，让社会不至于失去生气。

在神灵面前，人的道德缺陷是什么？

道德家们继续辩驳：既然人也能够而且应当处于幸福状态，那么万一他好像故意违反神的意图时，是不是在神面前十分讨嫌呢？他们还会说，人类沉浸在无穷无尽的恶中，而你又说这些恶的危险性极其容易发现，恶本身也极其容易避免，那人是不是太不理性了？因此，在神的眼里，人类是不是罪不可恕，是不是必须惩戒呢？

事实上，仿效哲学家所使用的比较法，我们就不难知道，如果最高智慧判断事物的方式和我们一样，那么与其说人会受到神的迁怒，不如说值得神的怜悯，他应获得的是扶助而不是惩罚。话说回来，谁不觉得这种比较是虚假而可笑的呢？

我们已经说过，神并不会因什么事物感到不快，只有人这种易亡的生物才会如此局限和软弱，些许轻微的肤浅干扰就让我们不安和不知所措。尽管我不知道神怎样看待我们称为恶的自然事件或道德事件，但正如我前面说的，我们看到的紊乱对于把一切都安排好的无限智慧而言，绝不是什么真正的紊乱。这种轻率的指责要么就是出于恶意，要么只是不了解这种"紊乱"的规律而已。不论诸君有什么论调，想怎么违背神意或神之意志的事物，都是徒劳的，因为无论如何也无法反驳这种自然而然的反驳。

诚然，如果人在道德行为方面确有令神不满意的地方，如果我们称之为恶的东西在神的眼里不是普通的缺点，如果这个结果不是人的自我管理能力的自然局限性的必然结果，如果这种行为本身不包含惩罚和补救办法的过错，那就必须承认：人类所服从或被迫服从的制度和人为的法律，才是最应受罚的大罪恶，才是真正的万恶之源！

自然而然地，神应当惩治的不是所有人，而是那些所谓的智者和所有立法者——是他们搞乱了自然的规律。可笑的是，照他们说来，自己非但没有罪过，还有这世界上最慈悲的心。唉！可其余的人又有什么可以归罪的呢？即使他们深陷谬误，那这些谬误代代相传、积重难返毕竟不是他们的错。因此，即便按道德家的原则看，某些普通人因为这些谬误而不得不成为罪人，那也一定是无意的，他们生在这个体系里，难道连辩解的权利也没有吗？堕落的山洪泥沙俱下，这些不幸者就在泥石流的必经之路上，几乎避无可避，究竟谁才是罪人呢？是挖掘了这些深渊的人呢？还是落入深渊的不幸的人呢？

如果制定法律的时候，就已经感到这些法律一定要被违犯，那么这些法律该是多么不完善啊！所以为了维持法律，除了惩戒你们别无他法，那又为什么要让神替你们的过失负责呢？你还指望神会因为有人不服从你们而发怒？要神对这种无妄的"违背法律"或者"失职"进行报复？

有人也许会反驳，当然，上帝应该惩罚那些失职的人，因为即使是因为法律的不完善引起的犯罪，那这种犯罪对于犯罪者来说也不是非犯不可的；同时，这些法律正是为了防止犯罪才制定的，根据自然的旨意给予训诫、避免犯罪……如果真的如此，那我就要问了：你们无效和引起反感的训诫究竟有什么作用呢？我们已经证明过了，它们明显是与自然背道而驰的。所谓"上帝应该惩罚那些失职的人"还要求上帝把这些训诫作为自己的本意，想让上帝用极严厉的惩罚迫使人们遵守规则，是否真的那么站得住脚呢?

有一些荒谬的说法大行其道,我举几个例子:一是神为了迎合人的狂热,废除和取消了最初的自然之法及其结论;二是神要改变他本想在人之间建立的原始关系,因为神看见某一立法者规定的制度,想让这种制度取而代之;三是神会努力让人不要越出"改革家"安排的轨道,所以会投其所好,把本质上并不坏的行为视为罪恶。执迷不悟的人胡思乱想,认为天意会惩罚那些不遵守其规定的人。天哪!如果明知你的原则会激起良知的反感,为什么不弃暗投明呢?只要自然之法完整地存续下去,就不可能有犯罪,也就不需要什么惩戒。笨家伙错误地歪曲这些法律,或者他自己搞错了,无意地引导一些不幸者违犯这些法律,那么智慧无穷的神惩戒的一定是他本人而非所有人,短暂的损失也会很快得到修复。

在上天眼里,人类道德的恶与事物的缺陷没有分别,明智的上帝不会破坏有缺陷的事物,而是会使之不断完善。这里我称之为不完善的事物,特指不是上天有意造成的事物。

一切向好!

自然世界和人为世界没有分别,实在世界与理智世界、道德世界也没有分别,一切都表明,世界会首先确立一定的完善状态,存在其中的事物会逐步达到这种完美状态。我们还不知道最简单和最复杂事物的本质究竟是什么,所以也不知道这些事物能否突然间变得完善，因而也不知道造物主是否需要或者会使其一下子达到完美的境界。

我不想给出肯定或否定的回答，那必然会引起争议，我想说的是一些显而易见的事情——任何地方、任何事物、任何现象，哪怕是苍蝇的翅膀[①]，都有一个逐步发展的过程，甚至我也时时刻刻感觉到我的理性在进步。因此可以肯定地说，道德也一定是在向好的方面发展，因此不论自然之法如何有力而又温和，也只能逐步取得彻底控制人类的威力。

从这个意义上说，那些组合起来的民族，与其说是感受到了什么是最好的社会，倒不如说是刚刚感受到了一般社会的好处。经过一连串的谬误，获得千百次经验以后，人类的理性终于发现，单纯的自然状态才是最美妙的！但是，如果各民族没有经历那么多种政体，没有经历那么多种制度，没有看清这些制度的缺点，又怎么会知道这些、又怎么会知道自然的美呢？

几乎所有民族都有过自己的黄金时代，各个黄金时代无一例外都是完美的群居生活的时代，其生存法则就像我们第二篇中说的那样。不过，这种原始的纯朴生活长期以来仅仅是被无意识地实行，因而也就很容易变质。

这些变质接踵而来的是野蛮和掠夺，终于人们开始怀念黄金时代。人们试图通过法律去重新靠近黄金时代，不过这些法律在

[①] 作者用昆虫的变态发育说明事物都是逐步发展的，一般分为完全变态发育和不完全变态发育两种，经过卵、幼虫、蛹和成虫等4个时期的叫作完全变态，只经过卵、若虫和成虫等3个时期的，叫作不完全变态。——译者注

很长时间内并不完善，所以不断地被缺陷更少的法律所替代，如此往复，一直到纯粹的理性习惯于不再无视自然的训诫，而是时时处于其影响之下。理性的人在达到这种幸福境地的时候，就会获得一切美德，也会达到道德的所有完美境地。

大概上天正是通过这些阶段把人类引向完美吧！人们常说，国家也和人一样，有童年时代、青年时代、壮年时代以及暮年时代，那整个人类社会又有什么分别呢？通过一系列的变革，我相信，人类终归会"宛如婴儿"回到永恒的纯真无邪的黄金时代。

不过，我们姑且得把这个美好的愿景放下，先研究一下道德的恶，至少确定它的范围。

道德的恶的范围

对于神来说，自然界既没有自然的恶，也没有道德的恶。换句话说，在神与自然界的一切事物之间，不存在任何令神不快的关系。

那么，假定人服从于原始的自然之法，对人而言也不会存在道德的恶，他不会有恶行，也不会受到恶行的伤害。只有在某些社会专横的法制之下，人才有可能行恶并成为罪人。讽刺的是，这些社会也与建立社会的凡人一样，五花八门，形式各异！甚至在一个社会中人们称之为道德的恶的东西，在另一个社会中却变成道德的善，这一点在各民族的历史和现状中不难窥见。所以道德的恶某种意义上只是立法者的胡思乱想，纯粹是变化无常的东西。这种恶受到另一种同样短暂的恶的惩罚，也就无可厚非，因为这完全是随机波动的偶然事件的次要原因而导致的结果，与神明何干？

人是自己自由行为的独立创造者，而人的自由行为无不是为了自我保全或者我们称之为幸福的东西，这一点可以说是短暂的，而且完全可以为人的能力所左右。也就是说，这些行为只有在某些情况下才会对自己或者别人产生好的或坏的结果，换句话说，人的恶行是偶然的或者有条件的。既然如此，把条件和原因除掉，人就不会变得邪恶了，也不希望或继续成为邪恶的人。

解铃还须系铃人——恶的暂时原因也是解恶的良方

我已经说了无数遍，只要废除私有制，导致人们做出绝望的极端行为的千百种偶然变故自然就永远消失了。一旦人摆脱了这种专制，就万万不可能去犯罪，万万不可能去偷窃，万万不可能去杀人，万万不可能去侵略。可恶的是，现在的人却让准许私有制的法律惩治人本不应有的罪恶，人们还要为此遭受内疚和恐惧的心理惩处，而后者恰恰又是万恶的传统道德观念的产物。要知道，对于坏蛋最严厉的惩罚，什么都比不上天生为善的第一感情。这种自然的内在呼声，哪怕在具体人身上已经降为不伤害他人的冷漠训诫时，也依然力量十足，能让罪犯深深感到其可怕的威力。

可能你们会说，大多数人会因为害怕惩处和刑罚停止行恶。

唉！软弱的庸人啊！得用多大力量才能防止垃圾人对你的伤害啊？如果没有神在人的心里灌注正直，如果这种正直不是那么不可磨灭，你所谓的这一切又有什么用呢？好人珍惜正直，不为任何恐惧所左右。坏人哪怕没有受到惩罚，也会因为失去正直而懊悔不已。

只有这种正直才可以真正惩处犯罪，它的威力可远比车裂和绞刑大得多。"正是由它（神）来创造、确定和公布这一法律：谁不服从它，谁就是自暴自弃和轻视人的本性；他就要受到最大的惩罚，即使他躲过了其他可想象得到的苦刑……每个人都因自己的罪行而苦恼并陷入狂乱之中；每个人都害怕自己的坏思想和灵魂的内疚；它对于渎神者来说像紧紧缠住每个人的复仇女神。"

上天已经做了最好的安排，人的法律却在无知地践踏自然感情，法律越严厉，对自然感情力量的削弱也就越严重，最终也更要依靠其去补救自然感情遭受的损失。而自然感情，在历经堕落行为的狂热之后，终将恢复全部的力量，称为可怕的爱夫门尼德[①]，帮助人们的法律去惩治罪行。于是乎，就像一种冲击抵消另一种冲击一样，无知的随意动机引起了犯罪，同样要依靠无知的行动消除犯罪产生的有害后果。以暴制暴之后，对受这种关系伤害的人来说，一切都不复存在，只剩下纯粹的理想。

[①] 希腊神话中的复仇女神，专在地狱里折磨人的灵魂。——译者注

精神和内心的矛盾分析

看看那些我们称之为恶习的东西吧！会发现，其中很多所谓"恶劣"的程度甚至比不上人们口中自然的恶！人们是把多少幼稚、古怪、可笑的玩意与善恶之念联系在了一起啊？这些做法与自然毫无关系，甚至与自然相悖而行，却对芸芸众生有着极大的影响，以至于我们还往往以为这是神的安排。那我不禁要问，当自然不再受所谓"理性"束缚而摆脱无益的限制时，自然的抗拒我们能称之为反叛吗？那不是说人的意愿让人听从恶而违背理性的光辉吗？真是自相矛盾，所以传统的所谓"光明"不过是暗夜中的萤火，也就无怪乎有更明智、更有力的自然感情与理性的对立了——可以肯定地说，这完全是在嘲弄所谓"理性"的训诫。

是的，这种自相矛盾正是道貌岸然的道德家们始终无法解决的难题。所以他们说，人心是最难琢磨的，是由彼此永远斗争的对立成分所构成的奇怪的混合物，我们无法在人心的迷宫找到曲折隐蔽之处。既然有理性这个向导，我们却还在磕磕绊绊；每时每刻都有人违背自己的观点，违反似乎是最该确信的原则。天哪！既然没有什么比人的行为更自相矛盾，那么所谓的理性又有什么用呢？

就像奥维德[①]说的："我看到什么是善，也赞同善，但我却在作恶。"

[①] 古罗马奥古斯都时期第三个重要诗人，主要作品是《变形记》。——译者注

原因再简单不过了，那就是你们的偏见、谬误、荒唐，一次又一次与自然之法背道而驰，你们的内心一定感受到了自然迅速而可靠的启示，完全就是在嘲笑那完全错误的、长篇大论的、无用至极的学究气。

不信？你大可以把斯多葛派①、帕斯卡尔派②、马尔布兰歇派③、迪盖派和几个所谓最优秀的诗人对人类所发出的一切讽喻或感伤的胡言乱语收集起来，并抽丝剥茧加以剖析。

你们就会看到人类受责备的所谓恶行都是鸡毛蒜皮的小事，也会明白为什么人们始终无法纠正理应受到谴责的行为，更会明白批评家是如何地巧舌如簧、胡说八道。最后更会明白卢梭④以下所述究竟缘何开始：

不让理性启示我们，

不让它指引我们的行动。

我们却有办法使它，

---

① 又称斯多葛主义，是古希腊的四大哲学学派之一，也是古希腊流行时间最长的哲学学派之一。核心思想是帮助人们过上一种良好的生活，主张要发扬自己的德行，依照生而为人所应该具备的特性去生活。——译者注
② 法国著名的数学家、物理学家、文学家和哲学家，著有《思想录》。——译者注
③ 天主教教士，神学家和法国唯心主义哲学家，认为上帝不仅是万物的创造者，且包含着万物；认为人是灵魂和肉体的结合，人的肉体是机器；承认感觉的作用，但认为理性作用更重要、更准确。——译者注
④ 法国18世纪启蒙思想家、哲学家，民主政论家和浪漫主义文学流派的开创者，主要著作有《论人类不平等的起源和基础》《社会契约论》《忏悔录》等。政治上反封建、反专制，文学上有鲜明的民主主义倾向，崇尚自我、张扬情感的思想。——译者注

成为我们欲念的辩解者。
它是玩弄我们的诡辩家,
是一个卑劣的奉承者,
它投靠天下的狂人,
这些狂人把自己装扮成贤人,
不断地雇用它,
为自己的胡作非为而辩解。

正是由于这种"理性"的泛滥,很多自称领会神意的人才会杞人忧天般不断大声疾呼地责备他人。其实,他们与自己责备的人一样,古怪无常、不可捉摸。他们有时也会同情不幸者,用拉辛[①]的诗句安慰他们:

尽管浓重的黑暗把人笼罩,
但还能看到他消逝的光彩的余晖;
他是从宝座上被推下来的国王,
额前还保留着君主的严威。

难道这不正是应该有的宝贵而有益的发现吗?

---

① 法国剧作家,主要作品有《安德洛玛刻》《费德尔》《阿达莉》等。——译者注

Code De La Nature ▶▶ 自然法典

自然之法容不下恶习与罪行

人人都说，要有优良的风尚、警察、法律和政府，对此我表示支持，只是其中的规则一定要来自自然。但是自然很容易被侵蚀，人的欲念往往会酿成无妄的烈火。所以，不能让它靠近易燃物品。人的理性是认识和了解自然过程的法宝，否则这个向导对我们又有何益处呢？

需要承认，不管原始的自然之法如何明智，那也不足以治理一切人类，但是当这种法律空泛而不明确的时候，我们就会发现自然之法必不可少。理性的任务或者说人的才能正是为了搜集、规整这些法律，使之连贯起来建章立制。所以，败坏自然的不是自然，自然的真实意图是让产生暴力的温床不复存在。同样，只要背离自然原则的、建立在错误立场上的、把非自然之物当作自然的任何制度，都没有真正继承自然之法，无非是可怜而盲目的因循守旧而已。本文反对的正是这种乱象。

请不要责备以取消一切道德的恶为原则来推行罪恶，取消一切道德的恶就能让人摆脱任何恐惧和内疚。事实上，如果有人这样责备我，那无疑是最明显的诽谤。因为我的任何论述和准则，非但不鼓励任何腐败，反而无一不是在力图消灭一切邪恶，并将其连根拔起。

事实上，在我指出一切罪恶之源以及消灭这种缘起的办法时，我已经用这种办法——这种使犯罪成为不可能的真正办法，使人极端厌恶犯罪、重获正直本性的办法——代替了苍白无力的恐惧和内疚。

我还说，在神面前没有所谓道德的恶，造物主不会因为罪行而生气，也不会用我们臆想的办法去惩治罪行。那时我同样认为，神的智慧在道德方面、在人的行为方面确立的秩序是万无一失的，但凡有人伤害其他人，都会被这种祸害所反噬。没有罪行不受到惩罚，而神的最高惩处会让犯罪永远销声匿迹。

无限完美和善良的观念会排除那种严酷的使祸害长存下去的固执复仇者的执念，因为后者只适用于人。因为人是易受触犯的，所以只能以使人害怕和恐怖的手段才能免于受害。正是为了免于受辱，复仇者才在犯罪者的痛苦中获得了快乐。那么如果本身不受任何触犯，又怎么会在这种残忍的行为中得到乐趣呢？

随便你们怎么吵吧，企图用幻想来说服我的骗子或狂热信徒！你们空洞的论断根本无法扼杀如此明显的真理，因为它就像数学的第一公理一样不可推翻——如果全能和无限智慧结合在一个人身上，那么全能的他不会去惩罚什么，或者完善它或者消灭它，你们自己选吧！

在宇宙中，一切皆是善。人的理性不过是神性的延伸，上帝允许人们在自然的永恒法律之旁建立人类的法律，也允许理性的人成为道德世界的创立者，而这种道德体系足可适应人类目前所需。这一点与房子足可为建造者或居住者所用没有分别。可恶的是，你们这些教导人的庸人，却把你们充满谬见的宪法和法令作为永恒的真理向大众兜售，丝毫不想你们最初的蓝本也是臆想出来的，却指望人们把这套东西假定为真实的结论。

愚蠢的揣度上天永恒旨意的人，竟想把上天的无穷智慧与你们在人间看到的怪诞的东西调和起来。事实上，图书馆里的满纸荒唐言并不比小儿呓语高明多少。君不见，为了给这种荒唐的行为辩解，你们归诸自认为的别人的"愚蠢"，并因此付出了多少更荒唐的行为。当然，我不打算讨论这个问题，但就像塞内卡[①]说的，"否认上帝与侮辱上帝有什么区别？"你们这种五十步笑百步的行为又怎么好意思斥责异教徒，说人家信奉了可笑的神呢？可能人家也正想这么说你们吧？说到这里，我们已经明白了道德的善和道德的恶到底是怎么回事，接下来看看人的行为是怎么变坏的。

人一切行为的主要动机与社会和谐的根本原则

毫无疑问，人的一切行为都是为了幸福。同样不必怀疑的是，这一希望是因为人认识到了自己的存在并希望自我保全——一句话，这种希望是我们感性所产生的结果。然而，这种感性也会使我们天然地、忠诚地服从其规律，会让我们不假思索地把一切同自己联系起来，认为一切东西都为我们而造，认为如果没有我们一切都毫无意义。唯有感性才会让人像贝里乌斯[②]那样宣称

[①] 古罗马政治家、斯多葛派哲学家、悲剧作家，因其侄子诗人卢坎谋刺尼禄事件，被逼自尽，著作收录于《道德书简》和《自然问题》等文集中。——译者注
[②] 即克劳狄一世，罗马帝国朱里亚·克劳狄王朝的第四任皇帝，统治上力求各阶层的和谐，凡事采取中庸之道，修补了卡利古拉时期皇帝与元老议员之间的破裂关系，提高行省公民在罗马的政治权力，并兴建国家的实业。——译者注

"我死之后，就让火把世界烧个天翻地覆吧"。

上天正是根据这种感情的力量及其巨大的作用制定社会和谐的根本原则。与一个单独物体的局部运动一样，在独一无二的有感性的生物（比如人类）中，这种运动同样遵循这些根本原则。物理学家们说，这个物体在其自身运动时，始终沿直线运动[①]。简单说来，感性对我们的影响就像施加在物理最初运动状态上的力，让其很快失去单一性，从而创造物体之间繁多而美妙的组合。神正是根据这些几乎类似的规则创立并管理着道德世界。

人们矢志不渝地追求幸福，而人能力的局限又不断地提醒人们，没有他人的帮助，无法得到幸福；同时他还知道，有无数人与他有着同样的希望。所以他每时每刻都相信，他的幸福依赖于别人的幸福，行善是追求和守护幸福最首要和最可靠的手段。仿佛一切都向他呼唤，"希望幸福吗？那就行善吧！"其实大可不必为幸福决定于谁这个问题而操心，只要记住不行善就不能享受幸福。所以，想得到上帝的恩赐吗？请你行善吧！

人为什么对这种忠告置若罔闻，却对违背幸福的意见奉若圭臬呢？就是因为传统的道德和政治颠倒是非黑白，而且这种颠倒的是非黑白代代相传，延续至今。所以，我们更要努力识别和遵循自然之法，同时发现给它添堵的东西，下面我要说的就是纠正这种混乱的真正办法。

[①] 牛顿第一运动定律，完整表述为"任何物体都要保持匀速直线运动或静止状态，直到外力迫使它改变运动状态为止"。——译者注

道德观念的延续与发展——道德观念假说

我认为：(一)在自然秩序中，善念先于其他任何观念，不管善念本身是主动的还是被动的，其他任何观念甚至也包括神性的观念；(二)只有善念能把人提到神性的高度，它较之宇宙观更高效、更可靠；(三)善念让我们对神产生一种真正与其伟大目标相称的观念；(四)只有善行能充分完善理性的效能，并发挥其真正的作用；(五)人的神性观念随着善念的丧失而变质，也只有善念的丧失会引起这种变质；(六)朴素的善念绝不是偶像崇拜，只有那种所谓上帝既作恶也行善的观念才存在偶像崇拜；(七)凡是让人产生"上帝既作恶也行善"的观念，以及以其为基础的道德都是极端恶劣的道德。

首先，如上第二点，唯有善念能把人提到神性的高度，这一方面它比宇宙观更高效、更可靠。刚开始时我们没有在意这一点，有点不以为然，所以在享受它带来的红利时并没有探究也不想去探究其原因。

小时候，曾经有无数的事物更接近我们，我说的不是装饰品，不是院墙，也不是我们居住的地方，而使我们产生好感的第一批事物就是我们最初崇拜的神。

假设没有任何东西能伤害我们或违背人类哪怕最微小的愿望，相反，一切都会迎合愿望，这样就会产生某种事物是好的这一基本观念，尽管这时可能我们还没有把行善作为首要原则。下面我们看看，按照这种假设，我们是怎样达到这一点的。

由于经常接触好几种物品，这种重复的感觉产生了记忆，也诞生了比较，比较又进一步打开鉴别和思考的大门。人们开始判断周围事物的性质以及与自己的关系，并依次产生美丽、良好、优秀等概念。

感觉或者单独工作，或者与记忆和思考一起作用，将现在的不同事物或者现在的与过去的事物进行比较，不断观察事物的微细差别和优劣程度，不断发现事物未被察觉的特点，由此及彼，由近及远。慢慢地，理解力逐渐达到有关崇高的初步概念，由此产生的一系列新观念就把人提到至善之人即神性的高度。

与大部分哲学家所主张的不同，导致我们产生某种神性观念的，其实并不是宇宙观，也不是人们对于人的随机性和宇宙随机性的思考。诚然，这种观察有助于完善神性的观念，但其实当鉴别力引导我们进行这种观察时，善念已经存在了。感性正是以善念为向导的，正是它让我们达到了普遍的善人的高度，相比之下其他观念不过是所经过的环境的润色罢了。

由此可以证明，宇宙观和其他体系没有分别，善念是神性观念的基础和原则。

不仅如此，我们还证明了，处于永恒的纯真和幸福状态的人，除了至善的善念之外不可能有其他的神性观念。这一卓越的主宰者以这样独一无二的名义为人所认识，在所有人类能够感知的观念秩序中，在人类由小至大，由大至无穷的认知进程中，它只愿意成为人类认识的最后对象。这是至善令人赞叹的新效果，而这种效果也在如此有趣的阶段直抵人的心灵！

综上所述，我们自然会问，根据这个假设，是不是所有人都会具有同等崇高的神性观念呢？在我看来，这一观念的崇高程度与才智开化的高低以及对文化的接受程度成正比。因此甚至会发生而且也的确存在如下情况，即一个对善只有粗浅观念的人，会认为神只能存在于他认为美好的事物之中，而相应的一个有学问的、经验丰富、洞察力强的人理解则远高于此。

由此可见，一个民族愈是通过积累经验增进认知，愈是运用大量美好而有用的事物，这个民族就愈是灵巧、老练，精神也愈是高尚，愈能够摆脱"神无定型"这种粗浅观念，而后者在其他民族中可能仍然存在。

把对善行更敏感的人置于使其更感到善行重要性的环境，同时使其很方便地通过大量的比较进一步扩展相对观念，他就更能了解善因存在的必要性，也更能了解自身行善的重要性。这样人就更能尽量就其认知范围扩展神性的观念。

由此，假设人处于完全纯真的状态，在这种状态下只有没有意识的事物才会危害人的生存和幸福，而他自己可以单独或依靠同类的帮助预防这种危害，同时他的同类也一直愿意帮助他，愿意与他一起关心他的生存和幸福。

也就是说，首先，按照第二个假设与按照第一个假设一样，人通过同样的步骤获得善念，不同的是人会遭受偶然的不幸，也就此表明，上天认为人本身也需要行善；同样不同的还有，假设一中，人几乎只有纯粹被动的善念，而假设二中，人除了能够接受善念，还会学习自己认为的善的本质。于是乎，人就会产生某种与神相通的相似观念。同时，人天生有一种类似于自恋的倾向，自认为是最完善、最可爱的生物，这就让人相信神的地位高于人，一如人自认为地位高于其他生灵。也正因此，人类的善念越高尚，神性的观念就越崇高，而这一点有助于形成防止偶然变故的机灵和谨慎，而避免这种变故本身产生的快乐又进一步加强了善念和至善之念，无限智慧的概念也就从凡人概念中脱胎而出。

至于不幸的变故则与假设一的情况别无二致，人们会习惯于把它看作能唤起至善之念的启示，看作是使人关心自我保全的启示，而不会把它看作真正的祸害。此外，理性往往会让人意识到这些变故只在某一方面有害，而对于全局而言却有积极的作用。由此可以得出，假设二体系下人所具备的神性观念要比假设一体系下更加有高度。

以上也都证明了我的第四个命题，善念会借助心灵的感受让人不断完善自我。

我们要指出，在上述两个假设中：（一）人会本能地为善，这种善念并不受任何恐惧的驱使，也远早于神的概念的产生；（二）在理想情况下，人既不需要法律也不需要道德，因为他根本不必担心同类对他的恶行；（三）人把神的观念仅仅和他认为是善的事物联系起来，所以尽管无知让它把这种观念映射在毫不神圣的事物上，但这并不是比平常的粗俗观念更为深刻的偶像崇拜；（四）尤其在假设二中，与希望幸福一样，人乐于行善，因为他不倾向于任何恶习，自然会把行善作为最美好的幸福的一部分。

Code De La Nature ▶▶ 自然法典

哪里的神性不断完善？哪里的神性日渐崩塌？

现在把人置于第三种体系，也就是现在的体系，这种状态跟前一种假设的状态一样，也的确能够享受前一体系的所有好处——那就是，在服从简单的自然之法的前提下，人们必须且会互相帮助。人从中获得完善的智慧和心力，同样的举措还促使智慧和至善之念不断趋于完美，让善念和幸福的愿望相互促进。

按之前的两个假设，这个问题可以很好地得到解决，而按照第三个假设，如果没有私有制的破坏一样不成问题，知识广博只会使人变好，这一点毋庸置疑。

我认为我们著名的学府真有点爱开玩笑，居然大加褒赏给出否定答案的诡辩家[1]。甚至可以说，这些著名学府本身就在故意嘲弄着理性，竟对艺术和科学教会的事务公开表示蔑视，还称之为伤风败俗。不仅如此，恶习日益减少、伪善逐渐消失、阴暗不断消沉、生活渐渐自由，在它看来都是伤风败俗。对于艺术和科学带给人们的乐趣，祛除野蛮的贡献，增进我们的快乐，它要么就是没有看到，要么就装聋作哑。是的，尽管似乎这些东西在某一方面激起我们的贪婪，但这并不是纯粹的知识的产物，而是因为知识被不幸地掺杂了各种道德败坏的毒素，而后者污染着它所接触的一切东西。

---

[1] 这里指的是卢梭。——译者注

第三篇 传统道德的特有缺陷

不幸的是，这种良好的倾向是那么容易发生变化，人可能自我伤害，也可能危害自己的同类，而这种巨大变化的唯一原因就是私有制。人们当然能够认识这种危险，也当然能够预防它的发生，一旦危险发生，那令人毛骨悚然的景象和自然提供的简易避险办法本来会令人对善念和神性产生新的仰慕，也本应该更加坚持这种获得幸福的唯一手段。

然而事实却恰恰相反，千百种变故让人离开了纯真，背离了正直，走上了强盗之路。那么有人就要问了，为什么上天会允许这种灾难性的变化呢？

老实说，我不知道！但我也绝不会无妄指责上天，说是上天放纵了它本可阻止的恶。在我看来，如果真有这种情况，那么要么这种恶在上天看来不算什么，要么这种恶一定是短暂的偶然现象，是万能之神有意要借助它渡引人类至永恒的善境。我想强调的是，道德家与立法者一样，总会忽视或压根不知道以简单而自然的措施引导人们走出最初的误区，这种措施一定不会具体管恶行究竟是什么样的，因为它始终存在。而我们的道德家非但没有利用这种措施，反而与恶习沉瀣一气，不断败坏着善念和神性的观念。

人类腐败对神性的观念影响几何？如何防止腐败？

在第二篇中，我们说偶然的变故会不断消磨民族的血缘感情，当人们停止为善的时候，行为的堕落接踵而至，观念亦然，他们认为与其说神是行善的，倒不如说神是可怕且富于报复性的。于是乎，人类就不可避免地成为私利和恐惧的奴隶，私利越是可耻，恐惧越是魔幻，人被奴役得就越卑贱，可以说正是无数愚蠢的谬误让人觉得整个自然甚至自己的感情都在与自己作对，并因此最终走向了自己厌恶的反面，还觉得神也一样憎恶着我们。所谓暴怒和悔恨、冒犯和宽恕、残忍和怜悯、憎恨和慈爱、卑贱和尊贵……人的一些恶与善映射在了人对神的臆想里——顺便提一句，延续至今的图腾崇拜正源于此。

最初的改革家、道德家是最早"期望"做出补救的人，悲哀的是，他们的法律或信条却恰恰利用了各民族形成的各种奇怪观念，又如何能期待人们的原谅呢？

当人民对恶厌倦时，当人们开始追求社会情意时，当他们听从能够恢复这种社会性的命令和忠告时……为什么那时不告诉他们全部祸害的首因就是私有制呢？这难道不是轻而易举的事吗？那个时候我们甚至无须长篇大论就能让最愚笨的普通人了解永远废除私有制的必要性。对于某些立法者来说，这难道比推行可怕的法律还要困难吗？当然不是！然而立法者们舍本逐末，人们也不得不离开原本可能永恒的幸福境界，随波逐流到如履薄冰的万丈深渊之间。

当然，细细想来，这些一样陷于谬误的改革家们又怎么避免随波逐流呢？我们又凭什么指望他们一下子认识祸害的根因呢？毫无疑问，对于他们来说，能胡乱对付过去就不错了。但我们能原谅他们的无知，那些跟随他们的所谓智者呢？他们错上加错并基于此制定了行为准则甚至于戒律，难道时间和经验不足以让这些智者认识到早期法律的缺陷吗？当然不是，只要稍加留意就会发现与虚妄联系在一起的善恶都是恐惧和期望,只要稍加留意就会发现这种恐惧和期望非但不能让人克己尽责还会适得其反,只要稍加留意就会发现私产和私利一定会让每个人为一己私利以邻为壑……

一叶障目,不见泰山

悲哀的是,自有哲学家以来,好像每个哲学家都不愿意观察或者说不愿意承认某些主要道德现象显而易见的原因。我不禁在想,可能吗?试举几例。

一、最凶恶的民族也是最迷信的民族

最凶残、最热衷掠夺、最喜欢经商营利的民族都最倾向于犯罪,而他们无一例外都设置有最严酷的法律,也都供奉最可怕的神祇。泰尔人[①]、西顿人[②]、迦太基人[③]、日耳曼人[④]、高卢人[⑤]、西班

---

① 腓尼基的奴隶占有制的城市国家,约在公元前3000年初出现。泰尔是黎巴嫩南部行政区中的城市。泰尔城延伸突出于地中海上,在以色列阿卡北方23英里(约37千米),西顿城南20英里(约32千米)远处,现在则是黎巴嫩的第四大城,也是该国主要的港口之一。——译者注
② 腓尼基古代的商业和政治中心,现今黎巴嫩的小城赛义达就在西顿的旧址。——译者注
③ 古城迦太基坐落于非洲北海岸(今突尼斯),与罗马隔海相望。最后因为在三次布匿战争中均被罗马人打败而灭亡。——译者注
④ 日耳曼人,在罗马帝国时期与凯尔特人、斯拉夫人一起被罗马人并称为欧洲的三大蛮族;也是现今欧洲人的代表民族之一,多代指德国人。——译者注
⑤ 指广泛分布于欧洲并且甚至在罗马时期扩张至安那托利亚中部的使用高卢语(凯尔特语族的一个分支)的那些人;也是现今欧洲人的代表民族之一,多代指法国人。——译者注

牙人[①]……概莫能外！

据此，我们不难得出一个普通的结论，那就是最有意为恶的人最倾向于信奉凶恶的神。一旦他们认为这个可怕的偶像也差不多跟人一样，热衷财富、赠品，嗜好流血、掠夺，所以他们对自己的同类毫不留情。他们什么也不害怕，因为他们认为礼物和祭品能够平息贪婪的神的愤怒。这些野蛮的民族没有任何善行的动机，只有恐惧，而这种恐惧进一步促使他们采取奸诈的手段。再或者他们只有对神的恐惧，因为对神的崇拜显然没有让他们变得更好。

同时，越是专制的地方，这种现象越是明显。同样的谬误、偏见让人对于神的观念不断走向相反的方向，把神作为万物之中最厉害、最可怕的东西。难道完全没有人看到这种虚伪的观念是如何让某些君主成为最残酷的暴君的吗？而其丑恶政权的魅影又进一步反过来败坏神的观念吗？先知们描绘的宇宙之主，模仿的正是这种样板；所谓的学者把人们禁锢在这种观念之中，只有这样，他们的贪婪和野心才更能得到满足。

二、民族迷信是如何败坏道德的？

其实，只要智者们愿意稍微研究下是什么东西最早磨灭了行善的动机，或者反过来也可以，愿意稍微研究下什么东西有助于恢复行善的动机，再或者愿意发掘堕落和纯真之间的临界点——

[①] 古罗马时代高卢人曾经广阔地分布在欧洲并分成了两族，除了住在法国的高卢人，还有一部分居住在意大利北部的平原，其他的高卢人移民到了现在的西班牙一带。——译者注

就是那些大量被称为善举的小事，这些小事儿阻止了人的恶行，却没有把人改造为善人，更像是把人架空在这二者中间——其实这些研究并不难。他们仅仅需要观察法治下的人民，或者说由希望和恐惧共同支配的人民即可，因为我们不难看到，只要这种危险的均衡存在，就随时可能回归原始状态，再或者我们幸运地抓住有利时机，随时有机会再接近自然之法。

三、最人道的民族特性

还有第三种十分显著的现象，全世界最人道、最温和的民族一定是几乎没有私产或还没有普遍建立私有制的民族，这些民族最是无私、最能行善，至少在民族内部一定如此。同时，这些民族大部分只崇拜他们认为神圣的事物，比如太阳、星辰、自然力等，更多感受到这些"神圣事物"的赐福，一般完全没有或者只有极少的祭祀人员。这些民族对神的观念明显比其他民族更为完善，长久以来都没有移风易俗，因此不难推断，那些回到这种幸福状态的民族各方面亦应如此。所以，我们的智者难道真的不知道幸福的秘密吗？难道真的感受不到自己道德体系的缺陷吗？

四、穷凶极恶的人

再有第四种普遍现象，在任何地方，最凶恶的人一定都是最自私、最吝啬、最狡猾的，最会寻找和制造种种借口来逃避行善的义务，最会狡猾地把这种义务观念偷换为对人类毫无用处或益处的事物。典型的，比如把迷信抬高为重要活动，把训练人们搞这种鬼把戏的功夫包装起来并炫耀。那些以这种行为博取尊重和敬仰的人，那些因此获得富裕、舒适、清闲生活的人，一定都是最凶恶、最堕落的人。

稍微看看这些恶习到底会造就什么样的丑恶人性，我们就会发现，这种丑恶人性恰恰都来自那些竭力灌输神的最怪诞观念之人，讽刺的是他们却自称是神的朋友、神的意志的执行者。他们就是将此作为自己福利的源头活水，想象有多少东西最后都"归功于"这些所谓的半仙了。但细细忖度，他们或让人抛弃善念，或让人中止善行，或让人用善行搞些小恩小惠，却独独最善于利用这种缺德办法压制普通人，难道不是因为他们心中已经完全没有任何慈善和仁爱了吗？

这样一观察就不难发现，真正的善是人与人之间爱的果实，完全不受任何恐惧和希望所左右。下面让我们详细说说这一点。

善念不依存于恐惧或希望

善念应当独立于一切错误的恐惧和希望，如果不是的话，那就一定是因为偏见的强大势力让恐惧和希望激起了人们强烈而有害的欲念。有人说，不独如此，艰苦的现实也会产生恐惧和希望。不！事实上，如果持久行善，这种恐惧和希望根本不会搅扰我们的宁静。所以说，这种为善的优良品质不会因任何恐惧和希望而改变，就像善念不会因错误的恐惧和希望而改变一样。

反过来我们看看如果行善有什么好处，其动机何在，教益几何？天然的忧虑、温和的本能让我们努力保全自己，也就是尽量不干扰别人的安全，也尽量不让自己承受痛苦。饿了、渴了，就会想吃、想喝、想满足这些需要，也自然会找到满足需要的办法。为了不让希望落空，必要时候还会找人帮助自己，这种情况下我们的需要会被延迟满足，但一定能够被满足。正是这些让我们也同样愿意为他人服务。

有时我们会发现某种有害的事物，自然也会本能地逃离、避开它，必要时大家也来帮助我们。这是一种健康的恐惧，不由任何理性创造物所引起，同样人们也不因此伤害任何人。

前一种使人为善，后一种不会令人变坏。反观被焦虑笼罩的愿望和恐惧，既无法得到任何人的援助，也无法让人弃恶从善。就像我一直说的，善念不会产生于希望，也不会产生于恐惧。

经验告诉我们，为了使人本性中的正直恢复全部的生命力，我们的道德需要一点不一样的东西，一些不同于传统的戒律，要摒弃一切不需要考虑的东西，只考虑让人变善，只考虑真正的幸福。也正因此，我们才会痛恨传统道德正在破坏这个愿景。

道德应从何处教诲众生？

应在何处开始？这是个好问题！的确，为什么一开始就要把人假设为某一主人意志的奴隶呢？很可能的是，那时的他们并不知道何为主人以及主人是谁，是在学习获得幸福的过程中才开始学习这种认识。

可怜的人啊！行行好吧！说什么上帝要这样，上帝要那样！这是多吊诡的开端，多可笑的劝勉！说什么是善、如何为善、善的好处……但实际上，神的观念我们听其自然就好，用不着演绎和教诲，自然之法自会发展。拔苗助长只会适得其反！只要心存善念，即使这一观念从未发生，人也能将行善视为最高的幸福，这就足够了。

无须害怕更不要强迫无神论者，幸福和纯真不会把任何人引向无神论，人们对神的观念应当来自规劝性的戒律，来自令人行善的可靠办法。如果为善之人自然而然对善因心怀敬意和爱慕，有善念的人亦然，即使这种感情让人们相信神会为人所动，甚至后来说即使需要一种崇拜来维持对无限善良和智慧的神的观念，那这种崇拜也真的只能是所有人或个人的善行，向神表达的最高敬意也只能是效仿神明！绝对不是无所事事地徒然喃喃称颂神的万能和伟大。

真正的崇拜不能被曲解败坏，所以千万不要把吓人的标签贴在神的身上，也绝对不能将人与不朽之神相互比较，无论这人多么优秀，这种比较都是粗鄙而幼稚的。凡此种种，也正是我们辨别所谓"一切无可置疑的虚伪见解"的标志。

结论

行文至此，已足以驱散谬误的乌云，真相也跃然纸上。我终于得以努力解答本书开始提出的问题：人生极致幸福和乐于从善的环境究竟应该是什么样的？

不管是否有来生，道德之善都不应当以任何未来的希望为转移,它是人类现世幸福的唯一动机和目的。更精明的人也许更能劝慰人,但没有谁比我更加热切地关心人类真正的幸福。我要指出的是,为了实现这些,必须铲除一切罪恶的根源——私有制。

还有一点,那就是需要按照自然之法纠正传统政治和道德的缺点。为此,首先要给真正的智者充分的自由,支持他们向私有制精神的谬误和偏见作斗争;然后,当私有制这个怪物被打倒之后,需要通过教育巩固胜利的果实,到那时起,人民一定会接受类似我所拟制的法律——理性是最能启发人弃恶扬善的,我所拟制的法律正基于此。

而这一切,需要由你们这些以统率民族为己任的人去付诸实践。为人类的明天建立不朽的功勋吧!去建立那最幸福、最完美的政府!

啊!谁要想在自己的雕像下方,
刻上"城市之父"的荣衔,
谁就得自愿结束渎神的屠杀,
制止同胞间内讧的疯狂……

——贺拉斯:《颂诗》第3册,第24首

第四篇
自然法典草案

遗憾的是，现在确实几乎无法建立这样的国家，所以我只能以附录的形式略述自然法典草案。

但凡是明理的读者，就会知道这些无须详加解释的条文可以帮助人们摆脱多少灾难。其实，最初的立法者们是最有条件的，人民完全不知道有其他法律。

当然，我没有贸然要求改革整个人类，但我有充分的勇气宣扬真理。我丝毫不想惯着那些害怕真理的人，他们吵吵嚷嚷，完全是为了一己私利而不惜欺骗人类，让人们囿于谬见，甚至自己也相信了这些谬见。

《基本法》

第一条　社会上任何物品的所有权都不属于任何个人，每个人可因生活、娱乐或日常劳动需要享受物品的使用权。

第二条　每个公民都由社会供养，确保能够维持生计和受到照料，也包括公务人员。

第三条　每个公民都需要根据自己的力量、才能和年龄为社会公共利益的增长做出贡献，《分配法》以此为基础规定每个人的义务。

《分配法》

第一条　户籍是一切事务井然有序的基础，全民族人口按家庭、部族和城市统计和划分，人数较多的民族可进一步按省细化统计和划分。

第二条　每个部族由数目相等的家庭构成，每个城市都由数目相等的部族构成，以此类推。

第三条　随着民族发展，部族和城市数目也将按比例增加，如果人数不达到一定规模，则不建立新的城市。详见《市政法》第五条和《婚姻法》第十二条。

第四条　物品或人员以十进制为基础进行管理，一切调查登记、一切按等级划分、一切分配计量等都使用十进制。

第五条　每十名、每百名……公民中都安排一定数量的各行业人员；相应数量需符合工作难易程度和城市居民所需的比例要求，目的是相应人员不需过于劳累。

第六条　经久耐用的自然产品或人工产品按使用频次和保存难易程度分配，包括每天普遍使用的产品、普遍需要但不常使用的产品、少数人常用而多数人偶尔需要的产品、少数人偶尔需要的非常用产品（如纯装饰产品、纯娱乐产品）。一切经久耐用的产品都存入公共仓库，一部分逐日或定期分给全体公民，满足公民日常生活和行业使用所需；另一部分提供给特定的需要使用某产品的公民。

第七条 不耐存放的天然产品或人工产品由种植人或制作人运输至公共场所后进行分配。

第八条 一切产品皆须核算，产品数量要与城市公民人数或使用需求相适应。可保存的产品均按相同规则公开分配，如有剩余，归公保存。

第九条 生活必需品须足额供应。非生活必需品数量供给不足时暂时停止发放，或等比例减量供应，直到数量充足为止。

第十条 每个城市、省份如有剩余物品，应运输至相应物品较为缺乏的地区，或者储存起来以备不时之需。

第十一条 公民之间不得买卖或交换物品，草料、蔬菜或水果等由种植者运输至公共场所，公民按需每日领取。其他物品类似按需分配，比如某人需要面包，可按规定时间至面包店领取；面包店可按需从公共仓库领取一日或数日所需面粉。再比如某人需要衣服，可按规定时间至裁缝店领取，裁缝店按需从织布人处领取衣料，织布人按需从公共仓库领取衣料原料；衣服原料则由生产者运输至公共仓库。

第十二条 援助是以交换方式进行的唯一商业活动，包括本族产品援助邻近民族或外族，或接受邻近民族或外族的产品援助。援助应公开透明，其过程不产生任何私产。

《土地法》

第一条　每个城市拥有自己的土地，土地应尽可能集中并有序规划。土地不得私有，保证耕者有其田，土地面积应满足城市居民日常需要。

第二条　如果城市位于土地贫瘠的地区，城市居民应以手工业等为生，所需粮食由邻近城市供应。同时，此类城市应保留农业生产者，相关人员或者尽力垦荒，或者协助其他城市从事农业活动。

第三条　所有无残疾情况的公民，从二十岁起到二十五岁止，应毫无例外地从事农业活动。

第四条　每个城市可指定一定数量从事农业活动的青年承担农民、园丁、牧人、樵夫、挖土工、车夫或船夫、木匠、石匠、铁匠和其他建筑工人等职责，其中农民、园丁、牧人、樵夫、挖土工、车夫或船夫规定服务期满后可自主选择继续从事城市建设活动，或者继续从事农业活动。详见《治理法》第三条和第五条。

《市政法》

第一条　每个城市各部族家庭户数不得超过一定数目（特殊情况允许稍有浮动）；每个城市某一家庭人数不得超过某一部族人数。每个城市大小应大致相等，并符合《分配法》第二条之规定。

第二条　公共仓库和公共会议厅统一规划，一般建于形状规则的大广场周围，建筑结构应尽量统一，建筑形式应确保美观。

第三条　城市街区和街道规则分布于公共仓库和公共会议厅外围，各街区应大小相等、形状相同。

第四条　每个部族定居在一个街区，每个家庭住一所宽敞舒适的房屋，房屋形状应保持一致。

第五条　城市街区须合理、匀称布置，必要时可适当扩充，扩充范围应有所限制。

第六条　各行业长廊式作坊分布于城市街区不远的周围，供十人以上从业者集中使用（按《分配法》第五条，每个城市每个行业需要有数量足够的工人）。

第七条　农业人员和第六条所述手工业人员居住在作坊外围，建筑统一规划，同时作为农业小作坊、仓库、畜舍和农具库等之用，建筑数量与城市相关行业数量相适应。

第八条　医院建于第七条所述房屋不远的地方，地段应尽量清洁，建筑应尽量宽敞舒适，供收容和医治病人之用。

第九条　养老院参照第八条建设，用于收容残疾和年老的公民。

第十条　监狱建于景观最差、最荒无人烟的地段，建筑形式为围有高墙的大楼，内分若干带有铁栅栏的小单间，用于拘禁暂时需要与社会隔离的人，详见《刑法》。

第十一条　监狱附近建设围有高墙的墓地，用坚固的砖石铺成若干石洞，洞门设有牢固的栅栏。死时不配享受宗教仪式的公民，即应当永远被社会驱逐的人，将永远囚禁于此，详见《刑法》。

第十二条　每个城市的房屋，一般均由从事建筑的工人建造、维修和改建。

第十三条　城市和公用道路的清洁以及仓储运输一般由挖土工和车夫负责。特殊情况下，农民可偶尔和其他公民一起参加公用道路工程和水利工程。

《治理法》

第一条　每个行业设置工匠师傅，由年龄最大、最有经验的人按资历深浅担任，每五天轮流一次，工匠长领导五名至十名同行工匠开展工作，其原职工作由其他人分担。

第二条　每一行业设置工长，每十名或二十名工人设工长一名，工长职责是指导工人、检查工作，并向本行业首长报告工人工作情况和操行。行业首长每年更换一次，工长可以终身任职，并轮流出任本行业首长。

第三条　工长须由离开农业活动、从事本行业一年以上人员担任，即至少年满二十六周岁。

第四条　行业破格机制，每一行业凡是有重大发明的人，须向本行业全体成员公开报告。有重大发明、不符合规定年龄的人员可破格担任工长，次年出任行业首长。破格情况下，轮流制度中止，其后恢复。

第五条　每个公民从十岁开始自愿学习与其禀赋适宜的职业。十五岁到十八岁结婚，二十岁到二十五岁从事农业活动，之后从事特定行业活动或农业活动，二十六岁可担任行业工长，详见《土地法》第三条和第四条。重新择业的公民三十岁可担任工长，四十岁及以上公民可自由选择职业，即只要不脱离劳动，可只从事自己选择的劳动，只负担自己承担的任务，可随意支配自己的休息时间。

第六条　残疾人和老弱人群由养老院供养，保证住处、饮食和给养，详见《市政法》第九条。一切病人由医院供养，待遇相同，不分彼此。每个城市参议会要特别关心养老院和医院的经营，保障必需品或娱乐产品的供应，确保病人尽快康复，确保残疾人精神生活需要。

第七条　各行业工作和休息时间及具体工作安排由行业首长确定。

第八条　每五天有一个公休日，全年分为七十三等分。闰年多出的一天为公休日。

第九条　公共娱乐节日从公休日开始计算（含），时长六天。

第十条　各种娱乐节日应避开春耕和秋收，在各种产品收完以后或在每年年初庆祝。结婚典礼、新市长和行业首长的任职礼，在新年期间举行。

《禁止奢侈法》

第一条　每个公民从三十岁起可按照各自喜好选择穿着，但不得过于奢华。公民在家用餐，饮食应有节制，不可浪费。市参议员和行业首长要严禁铺张浪费，应以身作则，勤俭节约。

第二条　每一行业十岁到三十岁的年轻人统一服装。每一行业用符合本行业劳动对象的颜色或其他类似事物作为标志。

第三条　每个公民拥有一套工作服和一套装饰朴素而美观的节日服装，相关安排应与国家的财力相适应，任何虚荣表现应受到行业首长和家长的制止。

《公务员法》

第一条　每户家长达到五十岁时，即成为市参议员，拥有对法律条款制定和解释的发言权和表决权。

第二条　凡是涉及其他家长或行业首长的业务，须征求他们的意见。

第三条　每个部族中，由每个家庭轮流出人担任族长，族长系终身职务。

第四条　每个族长轮流出任市长，任期一年。

第五条　每个城市轮流出人担任本省省长，任期一年。族长任相关职务的部族应另选一名族长。

第六条　每个省轮流派人担任终身职务的国家元首（每个省派出的人卸任或死亡后再由另一个省派人当元首）。国家元首死亡时，依次由该省在任省长或即将就任的省长依法就任元首职位。省长出任元首的省份，依法选任新省长。

第七条　如果民族人数不多，未构成一个省份以上，则任职一年的省长同时任为期一年的国家元首,城市同理。在此两种情况下,本法第五条规定的任职办法不变。

第八条　根据本法第三条的规定,族长应终身任职,出任一年市长或省长职务的族长期满离任后,复任族长职务;按本法第五条规定在市长或省长出任国家元首期间补任族长的人员,在族长回来后回归普通家长角色。

第九条　就任族长的人,不管他是否达到出任参议员的年龄,都一律不得或者不能再任参议员;拥有一年期或终身荣誉职务的不得再任参议员,可任政务员。

第十条　全民族成立最高参议会,每个城市派出两名或两名以上的代表组成;代表任期一年,由城市参议员轮流担任。成立全民族最高政务会,最高政务会隶属于最高参议会,最高政务会高于其他政务会。最高政务会由各城市政务会派出代表组成,以此类推。

第十一条　如果国家只由一个城市组成,则该城市参议会就是最高参议会,最高参议会成员须满五十岁,行使最高参议会的职权。普通参议会成员由年龄达四十岁的家长组成。

第十二条　每个城市的政务会由不能再任参议员的族长、各行业没有达到参议员年龄的首长和工长组成。

第十三条　每个参议员或政务员每五天轮流主持工作,负责收集各方面的意见,并根据大多数人的意见做出决定。

《行政管理法》

第一条　最高参议会检查各城市参议会所通过的决议和法令，主要检查其是否违背目前或未来可能的国家法律，检查政治和经济方面的措施是否符合《分配法》和其他法律的宗旨。最高参议会可根据检查结果认可或否决全部或部分内容。一个城市所做的决定，在相同问题上适用于其他所有城市，经下级参议会同意之后具有法律效力。

第二条　参议会须征求政务会的意见，听取政务会报告，只有当政务会提出的报告直接或间接与法律相抵触时，或者有可能做出更好的决定时，参议会才有权否决政务会的报告。

第三条　市长可根据国家元首的命令，执行经最高参议会同意的普通参议会决议。

第四条　普通参议会和最高参议会拥有隶属于法律权力的一切政治权力，各级参议会可最终和不经讨论发出执行一切法律正式规定的事情，各级参议会经过讨论和定出措施以后，有权将一般规定条款解释并运用于具体的管理场合。

第五条　国家元首按照最高参议会决议，督促所有公民遵守法律和根据法律所做的决议；元首负责管理全国农业及有关行业，总管各种仓库和一切行业工作。如果国家幅员广大，元首应按省巡视工作，检查一切是否恰当执行，确保各省习俗和实际做法尽可能统一、有序。

第六条　市长归省长指挥，省长归国家元首指挥，市长和省长在各自管辖范围内履行类似国家元首的职权。

第七条 市长和省长在自己的管辖范围内，遇有特殊情况和意外情况，关系到某种安排或迅速执行某一有利的方案时，可当机决断。如果相应安排对全体有很大福利，必须无条件地执行市长和省长的命令。对于不太紧迫的情况，市长和省长应征求与自己地位相等的人士或有经验人士的意见。相应安排应向本级参议会和上级首长报告和说明相关工作，省长（或市长）向国家元首报告，国家元首向最高参议会报告。

第八条 族长负责检查本部族仓库的安排和供应情况，检查由自由工人分配供应品的情况；必要时，后者可由离开农业活动协助。每天生产和消费的物品，按前述《分配法》第四条的规定执行。

第九条 市长和省长的任期均为一年，只履行自己所负职责，任期届满以后，可以选择自己喜欢的任何职业。各行业的首长在任期届满以后，也属于自由工人之列。

第十条 全体参议员、政治首长、行业首长和工长，在对国家的服务过程中受到子女对家长那样的尊敬和顺从。

第十一条 公共命令的公式是：理性要求，法律命令。

第十二条 行政管理法和基本法律一样神圣不可侵犯。任何人都不得改动或废除这种行政管理法，违者严惩。详见《刑法》。

《婚姻法》

第一条 凡达到结婚年龄的公民，都应当结婚；除本人素质或健康状况不宜结婚者外，一律不得违反《婚姻法》。四十岁以后经许可可独身生活。

第二条 每年年初举行集体婚礼。男女青年聚集一起，在市参议会的主持下，每个青年男子选择自己心爱的姑娘；经姑娘同意后，即可结婚。

第三条 结婚后十年之内不得离婚；十年之后可以根据双方同意或单方请求准予离婚。

第四条 离婚应在本部族家长会议上明确理由，家长可设法调解。

第五条 宣布离婚以后，离婚当事人六个月后才可复婚。六个月期间，双方不得彼此会见和谈话，男方留在本部族或家里，女方回到自己的部族或娘家。复婚谈判只能由双方的共同亲友出面负责。

第六条 离婚者一年后可与他人结婚；与他人结婚的，不得再复婚。

第七条 离婚者不得与比自己或原婚配对象年轻的人结婚。丧偶者不受此限制。

第八条 已婚者不得与未婚青年结婚。

第九条 任何公民可从任何部族、城市或省份选择对象，女方及其子女婚后加入男方的部族。

第十条　离婚后，子女归男方赡养并登记于男方部族，男方最后的妻子是孩子的母亲；离婚后女方与子女不再有法律关系。

第十一条　已娶妻生子的男子，只有在父亲死后才能成为家长。

第十二条　每年举行集体婚礼时，每个城市要进行一次公民普查工作。参议会要精确地登记不同年龄和不同职业的人数，按部族和家庭的名字入册。每个部族的家庭户数要尽量相等，人数过多时可以组成新的部族，部族过多时可以形成新的城市，或者给那些由于某种灾难而减少户数的部族和城市补充新户。

第十三条　出生率和死亡率近似相等的时候，部族、城市等人口就会大致平衡，并进入稳定状态。

《子女教育法》

第一条　如果健康条件允许，母亲应亲自给自己的子女哺乳。
第二条　有婴儿要哺乳的妇女，离婚后应继续喂养婴儿一年。
第三条　部族族长应注意检查父母是否关怀自己的幼年子女。
第四条　每个部族的全体儿童，五岁时集中搬到为他们专设的房舍内，男女分居。饮食、衣服和初等教育一律按参议会指定的规则办理。

第五条　在族长的监督下，一定数量家庭的父母负责照管这些儿童，每期五天，轮流执行，对全体儿童一视同仁。他们要努力教导幼儿学会节制和顺从，用温和的劝说和轻微的责备来防止任何不和、任性和恶习。

第六条　随着儿童智力的发展，要教导他们学习国家法律，教导他们尊重这些法律，顺从父母、首长和长者，教导他们亲善同伴、友好、永不撒谎。要让他们学习适合他们年龄的工作，做一些可以帮助他长身体和准备从事劳动的游戏。规定他们要做的事情，应向他们说明理由。童年结束后则交托工长负责培养，初步教育工作由工长继续进行。

第七条　十岁以前的儿童，如身体已经足够强壮，适宜学习其适合的职业的初步知识时，可每天到公共作坊学习数小时。

第八条　凡达到十岁的儿童，应离开公共保育院，进作坊学习。儿童的衣食住由作坊供应，各行工长和行业首长指导他们学习，他们要像尊敬父母那样，听从工长和行业首长的指挥。

第九条　除行业技术训练外，工长和行业首长还要对儿童进行道德教育。随着智力的发展，某些儿童意识到了神的存在，或听到这方面的谈话进而提出有关问题时，应向他们说明，神是一切可爱和美好事物的良善之源。教育者不得以任何含混不清的概念向儿童解释神的存在，不得使用毫无意义的术语解释神存在的本性。应当简单明了地对儿童说："我们只能凭被创造的万物去认识宇宙的创造者，这些创造物表明神是极其善良和英明的，凡人无法与之相比。"要向青年人说明："人所具有的社会性感情是神的意旨的唯一体现，遵守神谕才能理解神！"要告诉他们法律的目的正是完善神性并系统运用其约束力造福社会。

第十条　所有戒律、准则和道德都要基于神圣的自然之法，要以社会团结和友爱为宗旨。戒律是为了实现个人幸福与公益的紧密结合，鼓励尊敬和爱戴他人、同胞和各级首长。

第十一条　各级首长和参议员应检查各地是否切实遵守儿童教育的有关法律和章程，重点检查是否能够很好地纠正和预防儿童时期可能产生私有制的观念，要防止儿童心灵从幼年时期就受某种稀奇古怪寓言、童话和谎言的熏染。

第十二条　十五岁或十六岁的青年，结婚后离开公共住所，回到父亲家里，每天按时到作坊从事专业工作，一直到农业活动年龄，届时根据行业搬到特定住所去居住。

《研究法》

第一条　科学和艺术工作者对敏锐性、洞察力、天分等有更高要求，每个城市应对每种行业相关人员数量做出规定。拥有相关资质的公民应提前给予教育，但学习或训练不能免除其参与农业活动或其他活动的义务。除极少数科学和艺术教师和学生外，任何人三十岁以前不得从事科学和艺术工作。三十岁以后，经验、智力、才干适应者，可从事科学和艺术工作。

第二条　道德哲学仅可用于研究法律的方案和体系。道德哲学研究须确保法律的功效，确保同胞间和谐的血缘关系和友谊关系，确保对劳动的热爱，确保对他人的服务有所感激，确保一切规则乃至特例符合优良秩序与完全和睦的原则。道德哲学研究是全体公民的工作。

第三条 任何形而上学都是上述神性的研究。如果研究的对象是人，须注意：人具有理性，是社会性的人；我们并不知道人的天分及其作用的自然原理；可以凭借天分观察和考究理性活动；我们不知道天分的基础和主要内容，也不知道人死后相关要素如何演化。我们只能说："也许人死以后，智慧仍然存在。"企图越过自然现象了解造物主的启示是徒劳无益的。以上即为关于人的思辨范围。

第四条 研究自然奥秘或者研究完善有益于社会的艺术方面，可以完全自由地运用智慧的敏锐性和洞察力。

第五条 应制定包含所有科学的公共法典，形而上学和道德哲学研究不得超过法律所规定的界限。经过实验证明和推理确定的物理学、数学或力学的发明可以载入法典。

第六条 演说、诗篇和绘画可用来歌颂自然的形体美和精神美，也适用于科学对象和社会的愉快情景，同样适用于在相关方面有卓越贡献的公民。

第七条 地方参议会应委托专人著书，表彰宣传各级首长和公民的功勋，叙述中切勿夸张奉承，应严格避免任何虚构报道。最高参议会应委托专人按这些资料编纂全民族通史。

第八条 所有这些法律都要分章雕刻在每个城市的公共广场的圆柱或方尖碑上。法律要始终按照条文原来直接的、字面的意义加以解释，绝对不允许丝毫的篡改或歪曲。如果某项法律有模棱两可或含混不清的地方，应用其他法律来解释，或根据最接近于神圣法律的精神，一劳永逸地把这项法律的意义明确确定下来。

《刑法》

第一条　任何公民，不分等级和地位，即便是全民的元首，如果犯有侵害他人生命或使他人受到致命伤害的罪行，或者企图利用阴谋或其他方法废除神圣法律、引进可耻的私有制，经最高参议会审判后处以终身禁闭。他是人类凶恶而疯狂的敌人，应关押在《市政法》第十一条所述的公共墓地的石洞里，剥夺公民身份，取消姓氏。子女和家人应被分别编入其他部族、城市或省份，任何人不得因此歧视他们、责备他们，违者逐出社会两年。

第二条　凡敢为此罪辩解者，凡对首长或参议员、家长或父母严重失敬或不服从者，凡侮辱或暴力对待同胞者，受一天至数年拘禁处分。全民族最高参议会根据犯罪情节的轻重，一次性规定刑期，刑期一经规定不得缩减。

第三条　犯通奸罪者，受一年拘禁处分；如果通奸事件被揭发，夫妇未立即离婚，则在刑期期满后仍可继续为夫妇。犯通奸罪者不得与通奸对象结婚。

第四条　男方或女方在离婚后一年内，如与他人发生性关系，则按通奸罪论处。

第五条　凡被驱逐出社会一年或数年的人，不得担任参议员或族长的职务。

第六条　教育和照管儿童不善，且造成儿童染上某种违反公益精神的恶习或不良习惯后果的，视情节轻重暂时或永远剥夺从事这项工作的权利。

第七条　凡是被驱逐出社会或受到终身或有期拘禁处分的人，无权享受任何娱乐，无权担当任何工作，无权享受饮食、衣服等生活所需。由犯有懒惰、违抗和说谎等小过错的青年人给他们服务，这种青年人数不足时从各行业抽出一定数量的年轻学徒轮流担当该工作。

第八条　其他轻微过失者，如工作疏忽大意和漫不经心者，由各行业首长或工长合理处分，或按上条规定处以如上所述的劳役，或禁止犯过失的人在数小时或数日内从事任何工作和娱乐，以无所事事来惩治游手好闲。

第九条　受过正式处分以后，任何公民不得再就此责备已经按法律赎罪的人，不得责备其亲友，不得宣扬相关情况，不得当面或私下歧视相关人员，违者受同样的处分。只有首长有权提醒人们履行自己的义务，其间不得提及过去的错误和所受的惩罚。

第十条　一切经法律规定的对某一种罪过的惩罚，不得更改、不得减轻、不得赦免或以其他理由取消，患病的情形除外。

第十一条　只有每个城市的参议会有权根据族长、家长或行业首长的陈述施行逐出社会的处罚。族长、家长或行业首长有权给予民事处罚。

第十二条　诬告他人并使他人受到终身逐出社会处罚的人，被终身逐出社会。其他情况的诬告者受加倍处分。

第十三条　没有任何民事权或自然权利的人的控告，参议会不予受理。

第十四条　任各级职位的人必须亲自照管治下人员，可在自己的职权范围内申斥或处分他们，应毫不留情地把重大罪犯送交上级处理；知情不报者，视情节轻重，受暂时或永久撤职处罚。